골라골라 나 같은 집

spectacle

SERIES 04

여는 글

생텍쥐페리의 소설 『어린 왕자』에는 이런 이야기가 나옵니다. "창에는 제라늄, 지붕에는 비둘기가 있는 예쁜 장밋빛 벽돌집을 봤다고 말하면 어른들은 그 집을 떠올리지 못해요. '십만 프랑짜리 집을 봤어요.'라고 말해야 비로소 '참 멋진 집이네!'라고 외치죠."

『골라골라 나 같은 집』은 십만 프랑짜리 집보단 예쁜 장밋빛 벽돌집에 대한 이야기입니다. 책에는 부동산 지식이나 내 집 마련 꿀팁, 인테리어 잡지에서 봤을 법한 멋진 오브제에 대한 정보는 적어요. 대신 자신만의 뚜렷한 취향과 이유로 집을 고르거나 가꾸는 이웃들이 등장합니다.

인천유나이티드가 좋아 축구장 옆에 사는 책방 사장부터 강화 시골집에 사는 뮤지션, 여행 왔던 도시에 반해 연고 없는 동네에 살게 된 교사 같은 이들의 목소리, 그리고 자신과 닮은 집을 찾아 엉뚱한 여정을 걷는 이들의 에세이와 현실적인 고민을 담은 후일담이 담겨있습니다.

스펙타클 시리즈는 원래 인천 로컬 매거진입니다. 이번에도 '이부망천'이라는 망언, 수많은 재개발 광풍, 전세 사기의 아픔까지 뒤엉킨 인천이라는 도시에서, 자신만의 방식으로 터전을 꾸리는 인천의 이웃들과 인처너라면 반가울 지명이 잔뜩 등장하지요. 하지만 이 책은 명백히 인천 사람만을 위한 이야기는 아닙니다.

모두가 부동산적 가치, 유행하는 인테리어와는 별개로 자신을 닮은 집을 찾게 된다면 결국 우리의 도시 또한 더욱 즐거워지리라는 믿음으로 책을 엮었어요. 책장을 넘기며 이웃들의 이야기에서 수집한 47개의 체크리스트를 찬찬히 고민해 보세요. 이 책을 읽는 모두가 당신만의 '장밋빛 벽돌집'을 만나길 진심으로 바랍니다.

Contents

PART 1. 나 같은 집을 고른 사람들

008   덕주일치! 덕질하기 편한 동네에 살고 싶어!

036   뮤지션의 시골집! 텃밭 있는 주택에 살고 싶어!

064   직주초근접! 육아도 취향도 둘 다 잡은 집에 살고 싶어!

092   오래된 아파트! 연고 없는 동네지만 독립해 살고 싶어!

120   만월집! 직접 이름 붙인 나만의 아지트에 살고 싶어!

146   여행은 살아보는 거야! 좋아하는 여행지에 살고 싶어!

PART 2. 나 같은 집을 찾는 사람들

176   아파트에 살았었지 우리 집은 702호

181   아파트 사는 주택 덕후의 드림 하우스 몽상

192   투자와 무관한 구축 대단지 귀여운 디테일 모음집

204   골라골라 나 같은 집이래 놓고 정작 우리는?!

부록

216   골골나집 체크리스트: '나 같은 집'은 어떤 모습인가요?

PART 1.
나 같은 집을 고른 사람들

덕주일치!
덕질하기 편한
동네에 살고 싶어!

'브역대신평초'라는 단어를 아는가. '브랜드, 역세권,
대단지, 신축, 평지, 초품아'의 줄임말인 이 신조어는
최근 부동산 시장에서 아파트를 고를 때 빠질 수 없는
6가지 조건과도 같다.

반면 '브역대신평초'라는 단어가 무색하게 단 하나의
확고한 취향을 위해 집을 선택한 사람이 있다.
'인천유나이티드 FC'가 좋아 홈 경기장 앞에 사는
문서희처럼 말이다. 베란다 창 너머 파란 하늘과 검푸른
바다, 그리고 넓은 경기장이 내려다보이는 그의 집을
찾았다.

"나의 공동체가 있는 축구장 가까이 사는 건 매우 자연스러운 일이죠."

▦ **거주 연도**	2022년도 ~ 현재	
▦ **거주 동네**	인천 숭의동	
▦ **가구 형태**	2인 가구	
▦ **주거 형태**	아파트	

자기소개 부탁드립니다.

평일과 주중에는 책방 모도로 출근하고 주말에는 축구장을
찾는 문서희라고 합니다. 20년 가까이 인천 프로 축구단인
'인천유나이티드 FC*(이하 인천유나이티드)'를 응원하는
서포터고요. 파트너와 함께 인천 축구전용경기장이 한눈에
내려다보이는 집에서 2년째 거주하고 있는 2인 가구이기도
해요. 주변 사람들조차 저희 커플을 소개할 때 '축구장
옆에 사는 사람들'이라고 말할 정도로 진심이죠.

집 이야기에 앞서 잠시 취미의 시작에 대해서도
이야기하고 싶어요. 언제부터 인천유나이티드 서포터
활동을 시작하게 되셨나요?

2006년 월드컵이 한창인 여름이었을까요? 월드컵이
끝나면 기세에 힘입어 K리그가 성황을 이뤄요. 그때
우연히 아빠와 함께 K리그를 직관하게 되었어요. 인생 첫
관전을 하며 경기보다는 서포터즈석에서 열렬히 응원하는
팬들에게 더 눈길이 가더라고요. 보통 관중석은 가운데
필드를 중심으로 S, W, E석으로 구분되는데 구역별로
특성이 조금씩 달라요. 예를 들어 선수를 가까이에서 보며
가까운 스킨십을 원하는 경우에는 W석, 경기를 전체적인
시야로 보고 싶다면 E석, 그리고 응원 분위기를 크게

---

* 2003년에 창단된 인천의 프로 시민 구단으로 2023년에 창단
20주년을 맞이했다. 인천축구전용경기장을 홈경기장으로 사용하며,
구단을 상징하는 색은 파란색과 검정색으로 응원가에도 종종 등장한다.

즐기고 싶다면 S석(서포터즈석)에서 경기를 관전할 수 있죠. 저는 응원 분위기가 좋아 2007년부터 서포터즈 활동을 이어오며 인천유나이티드를 응원하고 있어요.

'축구장 옆에 사는 사람들'이라는 별명만 들어도 주거 라이프까지 설명되는 듯해요. 현재 살고 있는 집에 오게 된 특별한 계기가 있나요?

이사 오기 전 저희에게는 두 가지의 선택지가 있었어요. 인프라가 많은 신도시에 사는 것과, 원도심이지만 홈 경기장이 있는 동네에 사는 것. 막연한 고민이 있던 때, 지금 집이 착공되기 전 모델하우스에 구경을 갔어요. 그런데 기대 이상으로 마음에 드는 거예요. 무엇보다 인천축구전용경기장이 코앞이었고요. 필연적으로 '여기가 우리 집이다'라는 생각이 들었고, 가지고 있던 전세 보증금을 계약금으로 걸어버렸어요. 단 하루 만에요. 당시 부동산 경기가 좋지 않아 아파트를 매매하려는 사람이 적었는데, 그런 상황에 덜컥 계약하겠다고 하니 모델하우스 직원분도 적잖이 놀란 눈치였죠.

인천유나이티드 팬 커뮤니티 안에서도 팬심 하나만으로 경기장 옆까지 이사 간다는 사실에 놀라는 분들이 계셨을 것 같아요. 처음 주변의 반응은 어땠나요?

맨 처음에 이곳으로 이사를 온다고 하면 "송도나 청라처럼 부동산 가치가 있는 동네로 가지 왜 그런 선택을 해?"

말하는 분도 계셨어요. 같은 팬이어도 경기를 위해
이곳으로 왔다는 것이 현실성 없다는 듯이 말씀하셨죠.
그런 반응을 볼 때마다 속상하면서도, 저희 역시 '잘한
선택일까?'하고 많이 고민했어요.

**집이라는 것은 쉽게 소비할 수 있는 개념이 아니잖아요.
집을 장만해야겠다고 결심한 순간 거대한 목표가 생겼을
것 같아요.**

맞아요. '일단 열심히 일해야겠다'는 생각이 들더라고요.
(웃음) 지금까지 어느 시점에 어떻게 준비해서 집을 살
것인지 구체적인 주거 계획이 없었는데 이 집을 보고 일생
처음으로 '내 집 마련'이라는 목표가 생겼어요. 새로운
동기부여랄까, 주거관이 바뀐 경험이기도 했고요. 현재의
동네는 인천의 대표적인 구도심이에요. 대단위 재개발에
대한 청사진이 있는 만큼 언제 삽을 뜰지 모르는 곳들이
많죠. 그렇게 불안한 상황에서도 결국 내 집 마련을 위한
이유는 명확했어요. 부동산 가치든 뭐든 다 필요 없고, 일단
경기장이 옆에 있다는 거. 생애 한 번쯤은 축구장이 있는
동네에 살고 싶었기에 낭만에 가까운 선택을 한 거예요.
이곳에 이사 온 이유는 말 그대로 인천유나이티드가
전부이니, "인천유나이티드가 우리에게 이 집을
선물했다." 장난처럼 말하곤 해요.

요즘에는 아파트 이름만 봐도 주변에 어떤 인프라가 있는지 유추할 수 있잖아요. 아파트 이름에 '스타디움'이라는 표기가 들어가는 게 굉장히 상징적이면서도 유니크해요.

보통 학교가 가까우면 '에듀', 대형 공원이 있으면 '파크', 숲이나 바다를 끼고 있으면 '포레'나 '오션'이 붙잖아요. '스타디움'이라는 단어가 들어가는 아파트는 전국에 두어 군데밖에 없을 거예요. 제법 유니크하죠. 사실 집 앞의 경기장은 스타디움이라는 이름에 걸맞지는 않아요. 보통 스타디움은 육상 트랙과 축구장이 함께 있는 종합운동장을 지칭하는 단어인데, 저희 집 앞의 경기장은 육상 트랙이 없거든요. '아레나'나 '파크 아레나' 같은 단어가 들어가면 더 좋지 않았을까 싶어요. 어쨌든 '스타디움' 들어간 걸로 만족해야 하나. 긴 아파트 이름이 유행하는 추세답게 저희 아파트 이름도 열다섯 글자나 되네요.

아파트 엘리베이터 광고판을 보니 입주민을 위한 경기 할인 혜택이 있더라고요. 타 아파트에서는 볼 수 없는 혜택이라 재밌어요.

경기가 있을 때면 입주민에게 할인 혜택을 제공해요. 매표소에서 아파트 출입 카드를 제시하면 4인까지 30% 할인된 금액에 티켓을 구입할 수 있죠. 물론 시즌권을 구입한 저희는 입주민 혜택을 받지 못하지만요. 제 파트너는 사비로 아파트 게시판에 경기 일정을 광고하고 싶다고 이야기하곤 해요. 한 달에 2만 2천 원이면 광고를 게재할 수 있다면서요. 그건 구단의 역할이니 참으라며 말렸죠. 저희는 종종 이런 농담이나 상상을 해요. '이 아파트에 이사 오는 세입자에게 에어컨 대신 시즌권과 유니폼을 선물로 주면 얼마나 좋을까?' 하면서 말이에요.

발상이 기발하네요. 그런데 정작 집은 굉장히 미니멀해요. 집 안에도 축구와 관련된 물건들이 많이 진열되어 있을 거라 생각했거든요.

응원 용품을 수집하거나 전시할 필요 없이 고개만 돌리면 축구장이 있기 때문일까요. 구단주는 못되어도 구장 뷰 하나라면 오케이. (웃음) 사실 서재 겸 취미 용품을 모아둔 작은 방에는 옷장 한가득 응원 유니폼이 걸려있어요. 그리고 집안 곳곳에 인천유나이티드를 상징하는 파란색 아이템도 은근히 많죠. 지금 앉아서 인터뷰하고 있는 소파가 그래요. 가구를 구매할 때 제품 카탈로그에서 다양한 색상 옵션이 있었거든요. 직원분께서 산뜻한 분홍색을 추천해 주셨는데 단호하게 말했죠. "아니요. 저희는 파란색으로 하겠습니다."

평소 집에서의 일상은 어떤가요?

화요일부터 토요일까지는 일을 하고, 주말에는 축구장을 가니 집에서의 휴일은 없는 편이기는 한데요. 경기가 없는 일요일에는 점심으로 꼭 피자를 먹어요. 일명 '선데이 피자 클럽'이에요. 너무 축덕(축구 덕후)스러운 말이지만, 제

일상은 경기 승패에 따라 일주일이 좌우되곤 해요. 만약 토요일 경기에서 이겼다면 일요일에 다시 보기를 하면서 얼마나 응원 소리가 컸는지 기분 좋게 모니터링 하는거죠. 반면에 경기에서 졌다면 하이라이트 중계는 쳐다도 안 보고요. 책을 읽거나 집안일을 하면서 안 좋았던 경기를 잊기 위해 노력을 합니다. (웃음)

인스타그램에 아주 흥미로운 릴스를 올리셨더라고요. 알고리즘의 선택과 함께 호응을 꽤 많이 얻었다고.

이사 오기 전에 건축상의 하자나 이슈가 없는지 사전점검을 해요. 신축 아파트로 입주하는 사람들에게 중요하면서도 상징적인 날이잖아요. 그때 경기장이 쫙 내려다보이는 베란다 뷰를 찍어서 짧은 릴스를 올린 적이 있어요. 그 영상이 알고리즘을 탔는지 계속 '좋아요'가 눌리고 댓글이 달리더라고요. 특히 경기가 있는 주말에는 반응이 압도적으로 좋고요. 수많은 댓글 중 "축구 팬이라면 누구나 꿈꾸는 꿈의 집이다."라는 말이 있더라고요. 그 말에 딱 공감해요. 누군가가 보았을 때는 꿈을 이룬 사람처럼 보일 수도 있겠다고요.

아침에 일어나 창밖으로 경기장을 내려다보면 어떤 생각이 드세요? 내가 좋아하는 장소를 사계절 내내 앞에 두고 산다는 건 제법 낭만적으로 느껴지거든요.

제일 먼저 이런 생각을 하죠. '오늘 잔디 상태가 어떻군.' 이번 겨울에는 내가 경기장의 사계절을 보고 있다는 게 새삼 새롭더라고요. 그런데 풍경을 보며 감탄만 하기보단 '눈이 와서 잔디가 얼지 않을까?'와 같은 현실적인 생각을 더 많이 하곤 해요. 그럼에도 가장 좋아하는 계절은 초여름 잔디가 푸릇하게 자라날 무렵이에요. 계절이 따뜻해지면서 잔디 냄새가 확 풍겨오는 게 참 좋더라고요. 그리고 응원가 중에 이런 노래도 있거든요. '서쪽 끝 도시의 사람들 세상은 거칠다 말하지. 하지만 최고의 석양과 낭만과 꿈들을 가졌다네.' 아무래도 가사처럼 해가 넘어갈 때 경기장 풍경이 제일 멋있는 것 같아요.

반면에 축구장 옆에 살며 입주민 간의 이해관계가 다양할 것 같아요.

입주민 사이에서도 반응이 갈리는 편이에요. 2023년 FA컵 8강 수원삼성 팀과의 홈경기에서 승리한 뒤, 4강 진출을 축하하며 경기장 밖에서 장외 응원을 한 적이 있어요. 경기가 끝난 이후까지 열기에 취해 있던 터라 몇몇 입주민이 민원을 제기했고, 그 이후부터 입주민들의 반응을 보기 위해 부동산 사이트의 아파트 커뮤니티를 간간히 살피고 있기도 해요. 일종의 모니터링인 거죠. 반응은 딱 절반으로 나뉘더라고요. '경기 날 발생하는 소음과 함성으로 힘들다'는 고충이 있는 반면, '축구장이 먼저 지어지고 아파트가 지어진 것이니 감안을 하고 이사를 와야 하는 것이 아니냐'는 옹호파가 있죠. 오히려 축구장을 끼고 있으니 반려견을 산책시키기 좋다거나 주변 부지에서 운동을 하기 좋다고 하는 분들도 계시고요.

이곳에 살려면 소음은 간과할 수 없는 이슈겠어요. 또 다른 문제는 없었나요?

2만 명을 수용하는 규모다 보니 경기가 있는 날에는 일대 교통이 마비돼요. 타 입주민으로서는 외출도 어렵고 타이밍을 잘못 맞추면 주변 교통이 막히니 불편을 느낄 수밖에 없죠. 사실 저희는 경기 시간에는 무조건 축구장에 있으니 교통마비를 체감할 틈이 없긴 했어요. 경기장이라는 인프라가 저희에게는 이사를 결심한 이유가 되었지만, 누군가에게는 단점이 될 수도 있으니 호불호가 굉장히 강한 아파트라고 생각해요.

단지 내에서 서포터즈를 만나는 에피소드도 있나요?

파란 공식 유니폼을 입고, 스카프를 두르고 있으면 멀리서부터 서로 알아볼 수밖에 없어요. 얼마 전에는 응원하러 엘리베이터를 타고 내려가는데 한 이웃 아이가 저를 보면서 "TV(중계)에서 언니를 봤다"라고 말하더라고요. 이렇게 다양한 입주민 간의 이해관계 속에서도 저희와 같은 이웃 팬들을 만날 때도 많아요. 같은 공간에 사는 이웃이 같은 팀을 응원한다는 사실을 알게 되면 더 큰 호감과 내적 친밀감이 생기죠.

축구 팬까지는 아니더라도 관심 어린 질문을 건네주시는 이웃분들도 계세요. 경기 갈 채비를 하고 나갈 때나 경기 끝나고 돌아올 때 주민들을 마주치잖아요. 팬이 아닌 분들도 제가 유니폼 차림인 걸 보고 "오늘

경기해요?"라든지 "어느 팀이랑 해요?" 같은 것들을
물어보시더라고요. "이겼어요, 졌어요?"와 같이 승패를
궁금해하시기도 하고요. 언젠가 아파트 단지의 모든
가구에 응원 깃발이 달릴 날을 꿈꿔요.

아파트의 K리그 특파원 같아요. 축구장까지는 얼마나 걸리나요?

집에서 나와 3분이면 충분해요. 일종의 '축주근접',
'덕주일치'죠. 그렇지만 2023년 시즌 중반까지는 시즌권을
가지고 있어도 선착순으로 응원석에 입장했기 때문에 경기
두 시간 전부터 줄을 서서 응원 준비를 했어요. 현재는 지정
좌석제로 바뀌어서 집을 나서는 것이 편해지기는
했지만요.

'넘어지면 코 앞'이라는 말이 딱이네요. 그렇지만 가까이 살아도 두 시간 전에 나간다면 축구장 앞 살이의 메리트가 없는 것 아닌가요?

좋은 점은 땀을 많이 흘렸을 때 전반전이 끝나고 하프타임
동안 집에서 샤워를 하거나 옷을 갈아입고 올 수 있다는
점? 그리고 소모임에서 응원 티셔츠나 용품을 새로 맞추면
저희 집에 보관할 수 있다는 점도 있죠. 아! 하나 더 있어요.
원정 경기에 갈 때는 서포터즈들과 대형 버스를 대절해서
이동하는데, 출발과 도착 지점이 경기장 옆이에요. 다른
곳에 살 때는 원정 경기를 다녀오면 새벽 두세 시가 되거나

원정 버스에서 내려서도 30분은 더 가야 했는데, 이사 오고 나서는 집 앞이 도착 장소이니 '벌써 다 왔어?'라는 느낌이 들면서 어색하더라고요.

원정 경기도 빼놓지 않고 다니시나 봐요. 마치 좋아하는 가수의 콘서트에 가는 팬들이 '당신을 응원하는 사람들이 여기 있다' 확인시켜 주러 가는 느낌일까요.

오래 응원하다 보니까 이렇게 되는 것 같아요. 축구 성적도 중요하지만, 팀이 더 많은 사랑을 받았으면 좋겠고 관중이 더 많이 왔으면 좋겠어요. 저에게 인천유나이티드는 '종교' 같은 거랄까요. 축구 팬이 아닌 지인들은 주말마다 경기를 보러 간다고 하면, 주일에 교회를 가는 크리스천과 다른 것이 뭐가 있냐고들 말해요. 축구팀을 좋아하는 마음을 종교로 치환해 보니 유사해서 인정하게 되더라고요. (웃음) 내가 다니는 교회에 가까이 살고 싶은 마음과, 경기장 가까이에 살고 싶은 마음. 그리고 수요예배나 새벽기도가 있을 때처럼, 원정경기도 마다하지 않고 찾아가는 마음. 그런 것들이 유사하죠. 경기장에 가면 격의 없는 사이의 친구들, 가족들이 있어요. 축구장은 제게 하나의 큰 공동체 같아요. 그러니깐 나의 공동체가 있는 곳에 가까이 사는 건 매우 자연스러운 일인 거죠.

'나의 공동체가 있는 곳에 가까이 사는 건 매우 자연스러운 일'이라는 대목이 인상적이에요.

동일본 대지진이 있던 후쿠시마현 지역팀에서는 재난에도 리그를 중단하지 않았다고 해요. 쓰나미가 마을을 덮친 다음 날, 지역 주민들은 경기장에서 서로의 생사를 확인하며 안부를 나눴대요. 이 이야기를 듣고 지역 구심점으로서 축구장의 기능과 정신적인 의미를 다시 생각하게 되었죠. 축구장에서는 전우애도 연대도 끈끈해져요. 사담인데 축구장에서 만난 커플도 많아요. 저와 파트너 역시 축구장에서 만난 인연이고요. 그렇다 보니 자연스레 작은 부족이 결성된 느낌이랄까요? 서포터즈 동료끼리는 농담으로 '(우리는) 파랑검정색 피가 흐른다'고 말하곤 해요.

현재 운영 중이신 '책방 모도' 역시 집과 가까운데요. 집과 직장, 그리고 취미 공간이 가까워서 불편한 점은 없나요?

제가 운영하는 책방은 화수동에 있어요. 차로 10분 거리죠. 물론 삶의 주축을 이루는 것들이 생활 반경에 있다는 편리함도 있지만, 자아가 충돌하는 부분도 생겼던 것 같아요. 저는 책을 읽고 쓰는 정적인 일과 반대로 굉장히 동적인 취미를 즐기는 사람이잖아요. 구단을 응원하는 것에서 나아가 여자 풋살까지 하면서 주변 사람들에게 굉장히 상반된 캐릭터를 보여주기도 하고요. 예전에는 축구장에서의 제가 일탈을 한다고 생각해서 '진짜 내 모습은 어디에 가까울까?' 고민하기도 했어요. 축구장에서

폭력적인 일이 생기거나 젠더 감수성에 문제가 있는 발언을
마주해도 그냥 넘어갔거든요. 일상생활에서는 그러지
않는데 '축구장에서는 좀 그렇게 행동할 수도 있지.'
생각했던 것 같아요. 그런 괴리감을 알아차리면서
문제의식을 느끼게 됐어요. 축구장이 일탈의 공간이
아니라 일상의 공간이라고 생각을 바꾸고, 균형을 맞추려
노력하고 있어요.

**모두가 취미와 가까운 곳에 살기엔 제약이 많다고
생각해요. 아파트에 입주할 때 투자가치를 고려하지 않을
수는 없는 것처럼요.**

맞아요. 지금도 그렇지만, 부동산 가치를 고민하지 않을 수
없죠. 우리나라는 실거주하는 집이 가장 큰 자산인 경우가
많고, 부동산에 더욱 큰 중심을 두다 보니 주택 매매할 때
더 신중해지는 것 같아요. 저희는 이 집에 이사 옴으로써
낭만을 충분히 즐겼다고 생각해요. 그렇기에 조금 더
현실적인 다음 단계를 고민하게 되더라고요.

사실 지금도 직주근접인 저와는 다르게 파트너의
회사까지의 거리는 장장 왕복 4시간이 걸려요. 많은 축구
팬들이 축구장이 가까워 부럽다고들 하지만, 평소에는
출퇴근이 피곤한 생활을 하고 있는 거죠. (웃음) 그래도
축구를 통해 새로운 것을 많이 알게 되었어요. 이 집과 동네
역시 우리의 인생에서 전혀 관련 없던 곳이었지만, 지금
이렇게 살고 있는 것처럼요.

만약 홈구장이 숭의동이 아닌 다른 동네로 이사 간다면, 다른 동네에서의 생활도 고민할 것 같나요?

마침 파트너와 함께 비슷한 주제로 이야기를 했던 적이 있어요. '만약 인천유나이티드 팬이 많아져서 문학경기장이나 아시아드경기장처럼 더 넓은 경기장으로 옮겨가게 된다면 어떻게 해야 할까?' 하고요. 그런데 축구장 옆에서 처음 살아보는 저희에게는, 그 '처음'이라는 순간과 의미가 중요했던 것 같아요. 물론 지금의 주거생활도 만족하지만, 한 번의 경험을 해봤다는 것 자체로 충분한 기회비용을 썼다고 생각해요. 그러니 경기장이 옮겨가게 된다 해도 이사는 조금 더 생각해 보지 않을까요?

그럼에도 불구하고 오랜 인천유나이티드 서포터에게 '축세권'에 거주한다는 것은 어떤 의미인가요?

우연이 아닌 필연. K리그에 입문하고 인천유나이티드에 매료되어 있던 청소년 시절, 고등학교 진학 원서를 쓰는 조건이 딱 두 가지였어요. '인문계 고등학교면서 야자 안 하고 홈경기를 볼 수 있는 문학경기장과 가까울 것.' 생각해 보니 저는 이미 오래전부터 우선순위가 축구에 있었더라고요.

마지막 질문이에요. 최종 드림 하우스가 있다면?

언젠가 환경의 변화가 생겨 이사를 가야 하는 상황이
오겠지만, 짧은 시간 안에 애정과 열정이 많이 담긴 집이라
이별이 힘들지 않을까요. 그래도 이상적인 드림하우스를
이야기하자면, 그럼에도 불구하고 축구장 근처에 있는 단독
주택으로 이사 가고 싶어요. 마당이 있는 단독주택에서
강아지도 키우고 친구들도 같이 초대할 수 있는 공간이
있었으면 좋겠네요.

CHECKLIST
취미와 취향이 확고한 나에게

○ 정기적으로 어딘가를 방문해야 하는 취미를 가지고
  있나요? 집에서 거리는 어느 정도인가요?
  (콘서트홀, 클라이밍장, 팝업스토어가 많은 동네 등)

○ 취미생활을 즐기기 위해 꼭 필요한 집과 동네의
  조건이 있나요?

○ 최애 공간 도보 5분 & 직장 왕복 4시간 vs
  최애 공간 왕복 8시간 & 직장 도보 10분

○ 사비를 들여서라도 아파트 단지에 광고하고 싶은
  덕질 대상이 있나요?
  (스포츠, 아이돌, 행사, 반려동물 등)

○ 집에 덕질과 관련된 물건이 얼마나 있나요?
  그것들을 위한 수납공간은 충분한가요?

○ 나와 상반된 취미를 가진 가족이나 파트너가
  있나요? 있다면 타협을 위해 했던 노력은
  무엇인가요?

○ 지금 사는 집은 입주민이나 이웃들에게 호불호가
  강한 편인가요? 나에게는 장점이지만 누군가에겐
  단점인 요소가 있다면?

뮤지션의 시골집!
텃밭 있는 주택에 살고 싶어!

버스 창밖으로 몇 번의 풍경이 바뀌고 강화에 도착했다.
초록색 대문을 열자 비슷한 채도의 싱그러운 텃밭이
보인다. 싱어송라이터 고윤슬은 여행길과 일상에서
주워 온 영감을 노래로 풀어낸다. 그래서일까. 그의
집은 종착지 같은 안락함과 동시에 언제든 다시 떠날 수
있는 여행지의 낯섦이 공존한다. 고윤슬은 '가장
나다운 공간에서 나다운 노래를 할 수 있다'고 말한다.
한적한 동네, 오래된 구축의 고즈넉함이 느껴지는 그의
집을 찾았다.

"가장 나다운 공간에서 나다운 노래를 할 수 있다고 생각해요."

🏠 **거주 연도**   2021년도 ~ 현재

🏠 **거주 동네**   인천 강화읍

🏠 **가구 형태**   2인 가구

🏠 **주거 형태**   단독주택

본인 소개와 살고 있는 집 소개를 부탁드려요.

내뱉고 싶은 이야기가 많아 음악을 시작한 싱어송라이터 고윤슬입니다. 제가 만든 노래들을 통해 사람들에게 말을 건네고 마음을 나누고 싶어 공연을 하고 있고요. 기대 없이 떠난 여행에서 만나는 우연한 일들을 좋아해요. 현재는 강화읍이 한눈에 내려다보이는 단층 주택에서 그림책 작가 '보람'과 2인 가구로 함께 살고 있어요. 한 지붕 아래 각자의 취향이 담긴 두 개의 작업실을 갖고 있죠. '따로 또 같이'가 완벽하게 녹아든 집이랄까요. 대문을 열고 들어오면 작은 텃밭이 있고요. 왼쪽으로는 옥상으로 향하는 계단이 있어요. 할머니 집 놀러 온 것처럼 정겨운 집이에요.

문을 열고 들어오는 순간 특별한 여행이 시작되는 것 같아요.

약 1년간 제주를 여행했던 적이 있어요. 게스트하우스에서 4개월 동안 일하며 살았는데, 낮에는 일하고 저녁에는 여행객들과 새로운 관계를 맺으며 얻은 영감으로 노래를 만들기도 했죠. 저는 여행지에서 만난 현지인들의 공간에 호기심이 많은 편인데요. 반대로 제가 강화로 여행 오는 사람들에게도 현지인으로서 특별한 경험을 주면 어떨까 싶었어요. 그래서 주기적으로 홈 콘서트를 열어 여행 오신 분들에게 음악을 들려드리면서 같이 이야기를 나누곤 해요. 사적인 공간에 누군가를 초대하는 걸 아주 좋아하지는 않지만, 가장 나다운 공간에서 나다운 노래를

43

할 수 있다고 생각해요. 제가 생활하는 공간의 에너지가
담긴 음악들을 보여주고 싶어요.

**제주도 여행이 강화도에 오기로 결정하는 데에도 영향을
줬군요.**

맞아요. 제가 지냈던 게스트하우스도 안거리 밖거리*가
있는, 전통 구옥을 개조해 만든 주택이었어요. 맞은 편에는
혼자 사시는 할머니 집이 하나 있었는데, 그 집 방 하나에
세를 줘서 스태프들은 거기서 지내는 독특한 형태였어요.
할머니가 일찍 주무셔서 거의 얼굴을 뵌 적 없었지만요.
낮에는 게스트하우스에서 생활하다 할머니가 잠드시면 불
꺼진 할머니 댁에 슬금슬금 들어가 잠자고 나오고. 종일
시골집 안에서 일상을 보냈던 거죠. 거기 살면서 '이런 옛날
주택이 나한테 잘 맞네.' 느꼈어요. 로컬에서의 삶에 대한
호기심이 자연스레 커졌고, 도시가 아닌 곳에서의 대안적
삶에 대한 니즈가 생겼어요. 낭만을 제대로 맛본 거죠.

**이전에 살던 곳들은 주로 어떤 곳이었나요? 윤슬 님의 주거
변천사가 궁금해요.**

유년 시절부터 20대 초반까지 주로 아파트에 살았어요.
대부도의 주택에서 살았을 때도 있고, 성인이 되어서는
형제들과 함께 독립해서 복작복작하게 지낸 적도 있죠.

---

* 안채와 바깥채의 제주식 방언

자라온 환경을 조금 더 이야기하자면 저는 삼남매 중
둘째여서 위로는 언니, 아래로는 남동생이 있어요.
둘째들은 공감할 텐데, 항상 끼어있는 처지였어요. 막내는
성별이 달라서 독방을 쓰고 언니랑 저는 한방을 썼는데
물건도 공간도 제 선택으로 고를 수가 없었거든요. 그래서
늘 '나만의 공간'에 대한 갈증이 컸던 것 같아요. 형제들과
부대껴 살다 보니 어린 시절부터 본능적으로 탑재된 거죠.

**그렇다면 지금 살고 있는 집과 어떤 인연으로 만났을까요?
유년 시절부터 바랐던 나만의 공간을 찾는 여정이 쉽지만은
않았을 텐데 말이에요.**

처음엔 <마을 만들기 프로젝트>를 위해 강화살이를
제안받았어요. 낯선 동네라 관심도 갔고, 강화에서도
고정적인 수입이 보장된다면 장기적인 생활도 가능하겠다
싶어 이주를 결정했죠. 그때는 강화라는 동네에 대한
기대보다는 주택이라는 주거 형태에 대한 낭만이 더
컸어요. 보람 작가와 저는 아파트에 오랫동안 살았다 보니
예스러움이 묻어나는 주택에 대한 동경이 있었거든요.
저희는 딱 두 개의 조건만 가지고 집을 구하러 다녔어요.
강화살이의 로망을 실현하기 위한, 마당과 옥상이 있는
주택. 근데 생각보다 마음에 드는 집을 찾기가 쉽지
않더라고요. 아무것도 모르는 상태로 갔으니 그럴 만도
하죠. 여러 집을 보러 다니다 눈이 뜨여서 하나둘씩 나름의
계획을 세워갔어요.

기준이 하나씩 붙는 거네요. 전투에 나가기 전 아이템을 하나씩 장착하는 것처럼요.

맞아요. 집 구할 때 체크할 것들이 무수하잖아요. 처음엔 그걸 간과했던 거죠. 당시 강화에 사는 친구와 동료들의 도움을 받아 일주일 정도 여기 머물면서 조언을 구했어요. 그들이 말하기를 '집의 감성만 보지 말라'더라고요. 구체적인 예산도 정해야 하고, 단열 여부나 창호, 수압 등도 꼼꼼히 봐야 한다고 했죠. 그래서 세부적인 기준을 보태가며 집을 보러 다녔어요. 한 달쯤 되었나? 맘에 드는 집이 없어서 포기에 가까운 상태로 부동산에 들어갔는데, 마침 그날 나온 집이 있다고 하는 거예요. 달려가다시피 집을 보러 갔죠. 세 칸짜리 방에 적당한 크기의 마당과 옥상이 있더라고요. 집주인께서 자리를 비워서 대문 밖에서 집을 볼 수밖에 없었는데도 마음에 들어서 곧장 계약했어요.

여러 가지 기준을 두고 야심 차게 봤지만 결국 감성이 압승했군요.

그렇긴 해요. 음악 작업을 하면서 낭만도 실현할 수 있는 집을 찾으려고 했지만, 부동산에 나온 매물들은 원룸이나 빌라 위주여서 주거 공간과 별개로 작업실을 구해야 했거든요. 다행히 이 집은 방이 세 칸이라 보람 작가와 사이좋게 나눠 쓸 수 있었죠. 집을 구하기 위해 발품을 팔고, 연락을 기다리는 과정이 꽤 힘들더라고요. 딱 맞는 주거환경을 찾아다니면서 스트레스 받기도 하고요.

감사하게도 강화에 안착한 지인들에게 물심양면으로 많은 도움을 받았어요. "끝까지 포기하지 않으면 너의 집을 찾을 것이다. 원하는 집은 언젠가 나타나게 되어 있다."라는 이야기가 힘이 되었죠.

그렇다면 처음 이사 온 날을 기억하나요?

사실 잘 기억 안 나요. (웃음) 아마 이사 온 첫날에는 집이 텅 비어있고 어지러웠을 테니 '짐 풀기 전에 열심히 청소해야겠다.' 생각하지 않았을까요? 6월이라 날씨는 딱 좋았을 테고. 아, 하나 기억 나는 게 있네요. 이사 올 때 집주인께서 창호를 교체해 주셨어요. 낡은 집에 변화가 생기니, 지나가는 주민들이 담장 너머 신기하게 쳐다보던 기억이 나요. 새로운 식구가 이사 오는 날엔 동네 분위기도 묘하게 바뀌는 것 같아요.

구축의 디테일이 잘 남아있어요. 집에서 특히 애정하는 공간이 있나요?

'제일'이라는 단어가 무색하게 좋아하는 구석이 많은데요. 이 집의 벽과 천장을 보면 마감재 보존이 참 잘 되어있다고 느껴요. 거실에 누워 천장을 올려다볼 때마다 '집 참 잘 구했다' 싶은 마음이 들 정도로요. 지금 앉아서 대화하고 있는 창가도 좋아하는데, 강화의 계절을 제일 많이 느낄 수 있는 곳이에요. 얼마 전에는 오랜만에 커튼을 걷다가 텃밭의 오이가 무섭게 자랐다는 걸 알았어요. 또, 옥상도 빼놓을 수 없어요. 괜히 마음이 무겁고 답답할 때, 곧장 옥상으로 올라가요. 멀리 갈 필요 없이 옥상에서 저녁노을을 바라보거나, 한밤중의 풀벌레 소리만 들어도 환기가 되는 기분이거든요. 이사 온 지 얼마 안 되었을 때는 돗자리도 깔고 밥도 지어 올라가서 먹고, 기타도 쳤어요. 일종의 비상탈출구 같은 장소죠.

로컬에서 2인 가구로 사는 것도 궁금해요. 음악을 하는 윤슬 님과 그림을 그리는 보람 작가님은 어떤 식으로 함께 살고 있나요?

이 집은 '비파 하우스'라는 또 다른 이름이 있어요. '비즈니스 파스타 하우스'의 줄임말인데요. 어느 날 보람 작가와 대화를 나누다 '서로의 훌륭한 비즈니스 파트너가 되어보자'는 파이팅 넘치는 이야기를 하게 되었죠. 그때 먹고 있던 음식이 파스타라서 '비즈니스 파트너'가 아닌 '비즈니스 파스타'가 된 거예요. (웃음) 처음 이사 와서 방을 어떻게 나눠 쓸지 논의했는데, 보람 작가는 식물도 좋아하고 그림도 그려야 하니 채광 드는 방 하나를 쓰고, 저는 빛이 적게 드는 방을 쓰는 대신 작업실과 침실 두 군데를 쓰기로 했어요. 음악은 빛이 없어도 만들 수 있으니까요. 거실은 일종의 공유오피스 같은 공간인데요. 각자의 방에서 나와 함께 작업을 하거나 수다를 떨다가 흩어지고는 해요. 좋은 와인을 선물 받으면 이곳에서 함께 건배를 하고 다시 각자의 방으로 들어가는 식이죠. 처음 홈 콘서트를 열었던 것도 룸메이트의 응원과 지지가 있었기에

가능했어요. 장르는 다르지만, 창작이라는 공통 영역
안에서 좋은 영향을 주고받고 있어요. 최고의
룸메이트랄까요.

**2022년에 발매한 앨범 <헤매다, 섬>에 수록된 노래 중
'강화읍 궁골길'이라는 곡이 있죠. 어떤 마음으로 만든
곡인가요?**

올해 초, 강화 살이가 권태로운 순간이 있었어요. 이곳에서
제가 할 수 있는 모든 것을 다 한 것 같았죠. 문득 길고
지루한 겨울 같다는 생각이 들더라고요. 그래서 강화를
떠나기로 결심했는데, 2년 남짓 되는 시간을 떠나보내기
아쉬워 음악으로 남겨보기로 했어요. 가장 소중하고
좋았던 게 뭐였나 생각해 보니 이 '집'이더라고요. 집은
제가 어떤 상태든 내쫓지 않고 품어주잖아요.

'강화읍 궁골길' 가사는 이래요. '강화읍 궁골길 초록색
대문이 열리면, 그날의 조각들이 새어 나와. 누가 머물다
갔나요. 무얼 남기고 갔나요. (생략) 집으로 가던 길, 집을
떠나던 길...' 노래를 만들고 보니 모든 날에 추억이 빼곡 차
있더라고요. 아기 고양이를 임시 보호하던 여름날,
친구들을 초대해 옥상 피크닉을 즐겼던 가을 저녁, 고장 난
초인종 대신 어설프게 매단 고무 닭 인형까지도요.

음악의 힘일까요. 여전히 강화에 살고 계시네요.

다행히 얼마 전 자동차를 장만하고 다시 강화에서 재밌게
살아갈 동력이 생겼어요. 요즘에는 차를 타고 자유롭게
다니는데, 집에서 살짝 먼 곳으로 요가도 하러 가고,
친구들과 저수지에서 러닝을 하기도 하죠. 그렇게 시간을
보내다 보면 새로운 영감이 주머니 속으로 들어와 있어요.
그런 것들을 주워 와 집에서 정돈하는 시간을 가져요.
밖에서 소화되지 않은 것들을 천천히 소화하거나 휴식을
취하면서, 또다시 새로운 음악을 만들죠.

**그렇다면 더 큰 단위인 삶에 대해 묻고 싶어요. 주거
형태뿐만 아니라 사는 동네까지도 큰 변화가 있었을 테니
말이에요. 윤슬 님이 느낀 시골살이는 어떤가요?**

많은 분이 시골에서 살면 마냥 한적하고 여유로울 거라고
생각해요. 모든 것이 복잡하게 모여 있는 도시와는 반대일
거라고요. 근데 사실 도시에선 애쓰지 않아도 쉽게
소비하고 놀 수 있는 반면에, 시골은 사람도 장소도
제한적이라서 만날 사람부터 놀거리까지 더 주체적으로
찾아 나서야 해요. 이웃들과 어떤 관계를 만들고 싶은지,
어떤 환경을 만들고 싶은지에 따라 라이프 스타일이
달라져요. 저도 강화 살이를 하며 주체성이 강해졌어요.
스스로에 대해 많은 생각을 하게 되고, 주변 이웃들과의
관계도 끊임없이 고민하게 됐고요. 그런 점에서 시골에서
살아보려면 어느 정도의 개방성도 필요한 것 같아요.
시골의 커뮤니티는 도시의 커뮤니티보다 밀도가 있거든요.

50

여기서는 말 그대로, 함께 텃밭을 일구고, 밥을 지어 먹으며 생활해요. 여기 사는 사람들과 부딪치고 부대껴보면서 나의 중심이 만들어지더라고요.

윤슬 님이 강화에 잘 정착할 수 있도록 도와준 이웃들이 있나요?

제가 강화에 정착할 때 도움이 된 이웃은 '협동조합 청풍'이에요. 도시를 떠나서 강화로 정착한 청년들이 만든 커뮤니티인데요. 강화도에 강화유니버스라는 마을을 만들고, 게스트하우스 '아삭아삭순무민박'이랑 기념품 숍 '진달래섬'을 운영하고 있어요. 강화의 이웃들이랑 풍물시장을 탐방하거나 제철 채소로 만든 비건 베이킹을 하고, 요가나 스윙 댄스를 배울 수 있죠. '잠시섬'이라는 정기 프로그램을 하면 게스트하우스에서 머무르면서 섬살이를 체험할 수도 있고요.

사실 이 동네에 오기 전에 아삭아삭순무민박에서 한 달 살기를 먼저 했었는데요. 그때 '여기 한번 살아보고 싶은데' 하는 호기심이 생겼어요. 마침 강화에서 함께 일해보자는 제안을 받게 되었고요. 그 덕에 연고 없는 동네이지만 수월하게 이사를 결정할 수 있었죠. 강화유니버스를 통해서 홈 콘서트를 열게 되고, 외지에서 온 여행객들도 만나면서 밀접한 관계가 확장되더라고요. 여기엔 '연결된 이웃'들이 있다는 느낌을 받아요.

그렇다면 윤슬 님이 느낀 이웃들의 라이프 스타일은 어떤가요?

느슨하면서도 촘촘한 느낌이 있어요. 각자의 라이프 스타일과 다양한 삶의 루틴이 있지만, 서로가 크게 침범하지 않으면서도 일상을 공유하고 존중하죠. 이런 점은 도시에서도 비슷하거든요. 근데 제가 말하는 촘촘하다는 느낌은 이런 거예요. 예를 들어 텃밭에 작물들이 많이 자랐을 때, 시간 맞는 친구들과 날을 잡아 수확을 해요. 바질잎을 따고 대화를 나누며 같이 페스토를 만들어 나눈다거나, 혼자 사는 친구들에게 연락을 돌려 같이 저녁밥을 지어 먹기도 하고요. 누군가는 시골에서의 인간관계가 더 촘촘해지면서 오는 스트레스가 없는지 궁금해하기도 하는데 이 촘촘함의 정도가 저한테는 딱 알맞아요. 슬픈 기분이 들 때는 친구가 되기도 하고, 함께 일하는 동료가 되기도 하고, 적당한 거리에서 응원하고 지지해 주기도 하는. 전에 맺어온 것과는 조금 다른 새로운 인간관계 같아요. 일반적인 관계에서 새로운 가지를 뻗어나간 느낌이랄까요.

기댈 수 있는 커뮤니티와 이웃의 유무 말고도, 시골살이의 불편한 점도 있을 것 같아요.

실은 저희 집은 강화군청 가까이 있어서 완전 시골이라고 보긴 어려워요. 택배도 받을 수 있고 '올리브영' 같은 드럭스토어까지 걸어갈 수도 있거든요. 쿠팡 프레시 같은 새벽 배송은 어렵지만요. 완전한 시골살이를 꿈꾼다면 이런 인프라가 없어도 일상에 지장이 없는지 충분히 고려해 봐야 할 거예요. 중요하게 생각하는 가치가 자연에서 느끼는 삶의 여유라면 시골에 살아보는 것을 추천하지만, 인프라나 교통 편의를 생각한다면 도시 근처가 좋은 선택지가 될 수 있겠죠. 강화는 도시에 비해 주거비용이 비교적 저렴한 대신, 차가 없으면 생활하기 어렵긴 해요. 물론 저는 고정된 공간과 시간에 맞게 출근하는 직업이 아니다 보니 좀 자유롭게 작업할 수 있지만, 타 도시로 장거리 출퇴근을 하는 이웃들은 자주 못 보는 경우가 부지기수예요.

싱어송라이터라는 직업상 공연을 위해 전국을 다니시는데 이동의 부담감은 없나요?

동료 뮤지션들이 주로 서울에 있기 때문에 예전에는 그 사람들을 만나려면 버스를 타고 한참 먼 서울로 나가야 한다는 점이 어려웠지만, 운전을 하게 되면서 자연스레 해소되더라고요. 저도 처음 이사 왔을 때는 차의 필요성을 못 느꼈는데, 이제는 차 없이는 못 사는 사람이 되어버렸어요. 덕분에 유지비용도 꾸준히 나가고 있고요. (웃음)

한번 공연을 하고 많은 사람을 만나면 에너지가 소모되거든요. 그런데 모든 일을 끝내고 한적한 강화로 돌아올 때면 긴장이 풀리면서 '이제야 살겠다'는 기분이 들어요. 그런 점에서 강화는 제게 '회복의 공간'이에요. 만약 서울에 살며 음악을 했다면 동료들과의 만남이나 공연 일정 등이 수월했겠지만, 도피처 같은 공간이 필요했을 거예요. 한적한 풍경이 있는 강화에 사니까 일상의 밸런스가 맞춰져서 좋아요.

그 외에도 이곳에서 살며 체감하는 큰 장점이 있나요?

심리적으로 여백이 많아진다는 점이에요. 소음이 많고 높은 건물이 많은 도시에서는 하늘을 올려다볼 기회가 많지 않았어요. 조용하고 낮은 건물이 많은 강화에 오고 나서는 마음의 여유도 생기고 자연스럽게 하늘을 볼 수 있게 되었죠. 또 강화에 사는 이웃들의 일상을 직간접적으로 보며 영감이 되는 부분이 많아요. 원래 저는 작물을 키우는 것에 관심이 없었어요. 그런데 여기에는 유난히 텃밭을 가꾸는 친구들이 많거든요. 제철 식재료에도 관심이 많고요. 바로 수확해서 먹는 음식이 주는 행복을 잘 아는 사람들이죠. 그런 친구들을 보면서 자연스레 우리가 먹을 것 심을 정도의 텃밭이 있으면 좋겠다고 생각하게 되었어요. 좋은 집은 건강한 식사까지 챙기게 하는 힘이 있는 것 같아요.

마지막 질문이에요. 윤슬 님에게 '집'은 어떤 의미인가요?

집은 사는 사람을 가장 잘 투영하는 곳이라고 생각해요. 마음이 복잡할 때는 작은 정리 정돈에도 소홀해지니, 집도 제 마음처럼 정리가 안 되곤 하거든요. 결국 나를 괜찮은 사람으로 만들려면 밖에서 무언가를 잘하려 하기보다는 개인의 공간부터 정돈하고 꾸며야 하는 게 아닐까 싶어요.
나랑 어울리지 않는 물건은 과감하게 치우기도 하면서.
저는 집이 저를 닮은 공간이기를 바라요. 저 역시 집을 닮은
사람이 되고 싶고요.

CHECKLIST

바쁜 도시를 훌쩍 떠나고 싶은 나에게

○ 어린 시절부터 꼭 살아보고 싶었던 주거 형태가
  있나요? (정원이 있는 단독주택, 동네가 한눈에
  보이는 고층 아파트 등)

○ 인프라 가득! 편리한 도시 vs 초록 기운 가득!
  한적한 시골

○ 여러 이웃과 함께 북적이며 살기 vs 고요한
  동네에서 혼자 살기

○ 한적한 시골 라이프도 좋지만, 포기할 수 없는 한
  가지가 있다면 무엇인가요?

○ 지친 마음을 휴식하기 위해서 집 안에 필요한
  나만의 공간이 있나요?

○ 익숙한 생활반경이 지겨워질 때 새로운 영감이나
  활력을 불어넣는 방법이 있나요?

○ 집에서 하는 취미생활이나 창작활동이 있나요?
  그것을 위해 특별히 고려하는 요소는 무엇인가요?
  (넓은 작업대를 둘 수 있는 거실, 습지식물이 잘
  자라는 그늘 등)

직주초근접!
육아도 취향도
둘 다 잡은 집에
살고 싶어!

"이제는 제가 좋아하는 걸 아내와 아이한테 해주게
돼요. 가족들이 좋아하는 모습을 보면, 그게 저한테 더
큰 행복이거든요. 부모가 되면 다 그런가 봐요."

인터뷰하는 동안 부부의 말에는 가족에 대한 사랑이
흘러넘쳤다. 숭의동 골목에서 세 가족의 단란한
보금자리를 짓고 사는 신승철, 김예진. 이들의 공간은
집이자 일터이다. 디자이너 부부는 34년 된 구옥을
직접 인테리어해 1층에는 스튜디오를, 2층과 3층에는
가족을 위한 생활 공간을 만들었다. 개성 있고 다양한
색으로 칠해진 그들의 보금자리를 둘러보자.

"집은 꿈을 실현할 수 있는 공간이자, 우리 가족만의 보금자리라고 생각해요."

거주 연도	2021년도 ~ 현재	
거주 동네	인천 숭의동	
가구 형태	3인 가구(부부+아이)	
주거 형태	단독주택	

본인 소개와 집 소개를 간단히 부탁드립니다.

예진 안녕하세요. 저희는 '레이어 스튜디오'라는 디자인
스튜디오를 운영하는 부부입니다. 남편은 인테리어
디자이너, 저는 브랜드 패키지 디자이너로 활동하고
있어요.

승철 저희가 사는 곳은 주택인데요. 1층은 스튜디오고
2·3층이 주거 공간이에요. 브랜딩과 인테리어를 하다보니
미팅할 공간이 필수여서 1층을 미팅과 작업을 겸할 수 있는
공간으로 활용하고, 2층은 거실과 주방, 그리고 3층은
안방과 아이 방, 화장실로 쓰고 있어요.

그야말로 직주근접이네요. 두 분이 하시는 일을 좀 더
소개해 주세요.

예진 저는 F&B 브랜드 위주로 브랜딩과 브랜드 관리를
하고 있어요. 클라이언트사와 함께 브랜딩을 하거나 브랜드
리뉴얼 가이드를 잡고, 패키지나 웹, 콘텐츠 등을
디자인하는 일이죠. 초반 기획과 방향이 틀어지지 않게
유지보수를 돕기도 하고요.

승철 저는 상업, 주거, 오피스 등 공간 인테리어를 진행하고
있어요. 아내랑 저 둘 다 개성 있고 튀는 디자인을 선호하는
편이어서, 주거 공간보다는 디자인 범위가 넓은 상업
공간을 작업할 때 즐겁더라고요. 그래서인지 원하는
방향이 뚜렷한 분들이 많이 찾아주시기도 하고요. 아,
선호도의 차이일 뿐 공간을 가리지는 않습니다.

부부가 공동 작업을 해서 얻는 시너지가 클 것 같아요.

예진 맞아요. 브랜드 팝업 공간을 같이 디자인하는 경우도 있어요. 그럴 때는 남편이 인테리어를 맡는다면, 디스플레이 공간 디자인은 제가 주로 담당해요. 어떨 때는 남편이 인테리어를 진행하는데, 제가 보기에 클라이언트사의 로고가 너무 안 예쁜 거예요. 그러면 무상으로 디자인을 제안하고 바꿔주기도 해요.

승철 반대로 아내가 브랜딩하는 업체의 공간 인테리어를 진행하는 경우엔 제가 아내에게 확인을 받아요. "이런 시안을 하고 있는데 괜찮아요? 브랜드 방향성과 맞나요?" 컨펌을 받는 거예요. 시너지가 있는 만큼 가끔은 마음이 상할 때도 있어요. 아내의 브랜딩이 먼저일 때 내 생각을 어필하면 의견이 충돌할 수 있거든요. 그러면 속으로 이렇게 생각해요. '그래, 두고 봐라. 인테리어 할 때 보자.' (웃음) 사람이다 보니 그런 경우가 있더라고요.

이 동네로 오게 된 과정이 궁금해요.

예진 이사 온 이유는 아들 때문이었어요. 둘 다 일을 하다 보니 아이를 돌봐주지 못할 때가 종종 생겨서 고민이었거든요. 근데 시댁이 여기서 도보로 10분 거리에 있어서, 시부모님께서 바쁠 때 아이를 돌봐준다고 하시더라고요. 감사히 이쪽으로 이사 오게 되었죠. 처음 온 날이 2021년 1월 1일, 그때 아기가 8개월 정도였어요. 집을 한창 공사 중일 때 전에 살던 집 계약이 일찍 끝나버리는 바람에 저는 친정에서, 남편은 시댁에서 따로 지내다가 한 달 만에 상봉해 여기로 들어왔죠.

결혼하기 전 두 분의 주거 변천사는 어땠나요?

예진 저는 오피스텔에 오래 거주했어요. 편리한 점이 많았지만, 아파트나 오피스텔은 대부분 구조가 똑같잖아요. 내 집을 갖게 된다면 그런 곳에 살고 싶지 않았어요. 소파는 여기, TV도 여기. 다 비슷한 모양이라면 재미없을 것 같았거든요. 그래서 결혼하면 주택에서 살고 싶다는 이야기를 많이 했어요. 남편이 인테리어 설계가 가능하니까 우리 라이프 스타일에 맞춰 구조를 바꾸고 싶다는 니즈가 있었죠. 주택 살이는 구조를 마음대로 변경할 수 있다는 게 다른 곳과 가장 큰 차이예요. 불편한 점도 생각보다 없고요. 현재 집은 남편이 주로 관리해 주고 있어요.

승철 덕분에 주택에 사시던 부모님이 정말 부지런하셨다는 걸 깨달았습니다. (웃음) 제가 어릴 적 살던 주택이 지금 집과 구조가 비슷했어요. 용현시장 후문 쪽에 있는 주택이었는데 1층에는 가게를 운영했고, 2층은 주거 공간, 3층은 옥상이 있었거든요. 초등학교 3~4학년까지 그렇게 살다가 연수구에 있는 아파트로 이사하고 거기서 10년 이상 살았어요. 거기 살 때 청담동에 있는 인테리어 업체에서 일을 시작하게 되었는데, 바쁘다 보니 오히려 집을 가꾸지 못했던 것 같아요. 결혼하고 내 집이 생긴다면 더 신경 쓰고 살아야겠다고 항상 생각했어요.

주택에 살면 부지런해질 수밖에 없죠. 모든 걸 직접 관리해야 하잖아요. 그럼에도 여기로 오게 된 결정적인 계기가 있었나요?

승철 결혼하기 전에, 갑자기 부모님께서 커피 한잔 마시러 가자 하시더니 여길 데려오셨어요. 그때는 이 건물 1층에 김밥집이 있었거든요. "커피 마시러 가자더니 왜 김밥집을 와?" 했는데, 건물이 어떤지 물어오셨어요. 그러고 집에 돌아오자마자 "그 건물 살까?" 하시는 거예요. 진작 말씀하시지, 제대로 안 봤는데. 나중에 제가 살게 될 줄도 모르고 말이죠. 아버지가 건물을 사신 후, 1층에는 주로 상점이 들어왔는데 계속 바뀌었어요. 2, 3층은 주거 공간이었지만 보일러 같은 시설이 잘 안되어 있었고요. 결혼할 때가 되어 "저 나가 살랍니다." 했더니 아버지께서 "뭘 나가 살아? 여기 살아!" 하셨어요. 하지만 그 당시에는 부모님과 떨어져 살고 싶어서 굳이 여길 선택하지 않았어요. 아이가 생기면서 부모님 가까운 곳으로 와야겠다고 생각이 바뀌었죠.

동시에 두분의 일터도 1층에 여셨어요. 조용한 구도심 동네에 디자인 스튜디오라니, 생소하게 느껴지기도 해요.

승철 일과 육아를 병행하기 위해 1층에 디자인 스튜디오를 만든 게 컸어요. 그런데 일을 하다 보니 인천에서 물건이 많이 들어오더라고요. 공장도 많고. 서울 성수동처럼 인천에 있는 오래된 공간이 변화되어 새롭게 뜰 수도 있겠다는 기대감도 있었어요. 처음 여기로 왔을 때,

인테리어 업종에 대한 주변의 인식이 좋지 않다고
느꼈는데요. 디자인 설계비를 왜 줘야 하는지 모른다거나,
인테리어 업자는 사기꾼이라는 이미지를 가진 분들도
있었어요. 디자인 스튜디오가 익숙하지 않은 분들에게
좋은 인식을 심어주는 계기가 되었으면 좋겠다고
생각했어요.

집의 공간마다 쓰임새가 다르다고 하셨는데요. 라이프스타일과는 어떻게 조화를 이루고 있나요?

승철 일단 저는 잠잘 때 아무도 안 건드렸으면 좋겠다는
바람이 있어요. 밤을 자주 새우기도 하고요. 그래서 잠자는
곳은 3층에 두고, 일상생활은 2층에서 하도록 만들었어요.
가족들도 씻을 때를 제외하곤 모두 일어나자마자 2층으로
내려가요. 3층은 휴식을 위한 가장 정적인 공간, 2층은
가족의 일상 공간이자 지인들이 올라올 수 있는 공간,
1층은 낯선 사람들도 들어올 수 있는 공간인 거죠. 저희가
1층에서 업무를 보면서 대문을 지키고 있는 느낌이기도
해요. 2층부터는 사적이면서 지켜야 하는 공간으로 구분해
사용하고 있어요.

예진 집 뒤편에는 마당이 있어서 일하는 중간중간 아이와
물총놀이도 하고 비눗방울도 하면서 놀아주려 해요.
첫해에는 수영장을 만들어주기도 했고요. 데크랑 의자를
놓아서 홈 캠핑을 할 수 있는 공간도 마련했어요. 마당이
아이한테도 좋지만 저희에게도 잠깐 숨을 틔울 수 있는
공간이기도 해요.

업무 공간과 주거 공간이 같아서 생긴 장단점도 있을 것 같아요.

예진 장점은 역시 직장이 가깝다는 점이요. 9시 출근이면 10분 전에 일어나도 되고, 출퇴근 시간을 아낄 수 있다는 게 장점이죠. 단점은 일과 생활을 모두 한 건물에서 하다 보니 답답할 때가 있다는 점이에요. 하루 종일 건물에 갇혀 있는 기분이 들어 일부러 점심을 밖에서 먹고 오곤 해요. 그리고 아이가 엄마 아빠 일하는 모습만 보게 되는 점도요. 아이한테 '엄마 일해야 해.'라는 말을 많이 하게 돼서 미안한 마음도 들어요.

승철 저희가 일만 하고 있으니까 자꾸 자기 책상도 만들어 달라고 해서, 안 쓰는 가구랑 키보드를 가져와 아들만의 오피스를 만들어 주기도 했어요. (웃음) 지금 형태는 아이 돌보기 정말 좋아요. 집과 직장을 오가며 아이를 픽업할 일도 없고, 1층에서 일하다가 아이가 위에서 부르면 바로 뛰어 올라갈 수 있거든요. 단점은 아내와 같아요. 내내 같은 공간에 있으니 숨을 못 쉬겠다는 느낌. 늦게까지 일하다 바로 침실에 올라가 누워도 머릿속이 정리가 안 되고, 자고 일어나 바로 출근해도 제대로 깨어있는 상태가 아니니 피곤할 때도 많죠.

온종일 한 곳에만 있으면 답답할 만도 하죠. 그럴 때 동네에서는 찾는 장소가 있나요?

예진 미추홀구청 운동장에 자주 가요. 걸어 다니는 걸 좋아해서 밥 먹고 한 바퀴 돌곤 하죠. 차가 안 다니니까 아들도 데리고 가서 마음껏 뛰고 장난치기도 해요. 아이가 계속 주택에서 살다 보니, 집에서도 자유롭게 소리 지르고 뛰어다니는 편이거든요.

승철 맞아요. 요즘에는 노키즈존도 많아서 어딜 가기 제약이 많아요. 친구네 집에 놀러 가도 대부분 아파트라서 아들이 발을 콩콩대며 다니거나 집에 있을 때만큼 소리를 크게 내기 어렵고요. 그래서 저도 아들이랑 뛰어놀 수 있는 곳을 많이 찾아요. 아들이랑 편의점에서 주스 하나씩 사서 앨리웨이 앞쪽에 있는 공원에 가서 놀곤 해요.

아이가 생활의 중요한 기준이 되었네요.

승철 맞아요. 라이프스타일에도 영향을 많이 줬죠. 사실 저는 아이가 벽이나 타일에 크레파스로 그림 그리는 걸 싫어했거든요. 아이스크림 묻은 끈적한 손으로 벽을 짚는 것도 안 좋아했어요. 지금은 그런가 보다 해요. 행복의 기준점도 달라졌어요. 아이가 생기면서, 내가 좋아하는 걸 해주면 아이도 좋아할 거라고 생각하나 봐요. 제가 신발을 참 좋아하는데, 이제는 아이한테 신발을 선물해 주고 있더라고요. (웃음) 예전에는 좋아하는 옷이나 신발을 가진 날 보면서 행복해했다면, 이제는 제가 좋아하는 걸 아내와 아이한테 해주게 돼요. 가족들이 좋아하는 모습을 보면, 그게 저한테 더 큰 행복이거든요. 부모가 되면 다 그런가 봐요.

예진 집을 설계할 때도 아이가 다치지 않을까 고려했고, 커가면서 문 손잡이에 머리를 부딪혀서 손잡이를 다 떼어버리기도 했어요. 지금은 다시 달았지만요. 곳곳에 아이를 위한 배려가 있는 것 같아요. 아이가 생기고 처음에는 180도 변한 삶이 힘들었지만, 지금은 없었으면 어떻게 살았을까 싶을 정도로 서로 아이 이야기만 해요. 모든 게 변했지만, 아이와 함께하는 삶이 너무 좋아요.

집을 둘러보니 꽤 오래된 건물 같아요. 공사할 때 어려움은 없었나요?

예진 실은 건물 뼈대만 남기고 다 철거했거든요. 공사는 남편이 주도적으로 해서 저는 큰 어려움을 느끼진 못했는데, 예상치 못한 이슈가 있긴 했어요. 공사를 시작하고 바닥을 뜯었는데, 구옥이라 바닥에 돌이 다 깔려있는 거예요. 돌을 어떻게 하나, 버리냐 살리냐 고민 끝에 뒷마당에 깔았어요.

승철 돌을 걷으면 천장고*가 20cm 정도 더 나올 수 있어서 걷어내자 마음먹었어요. 덕분에 이틀 정도 철거하면 될 걸 일주일 동안 철거했죠. 돌이 너무 많이 나와서 공간도 60cm는 더 나왔어요. 그래서 더 좋은 컨디션으로 공사할 수 있지만, 금액적인 부담도 있었어요. 폐기물이 많아지니 돈이 생각보다 더 많이 든 거예요. 게다가 집이 너무 오래되다 보니까 도면도 없고 살릴 수 있는 배관도

---

* 각 층의 바닥부터 천장까지의 높이

없어서, 전부 새로 설계하다 보니 더 복잡한 점이 많았어요.
그래도 인테리어 하는 사람들은 자기 집을 인테리어하는
게 로망이기 때문에, 저에게는 이 집이 첫 번째 기회였어요.
아기가 태어난 지 얼마 되지 않아 빨리 함께 살고 싶은
마음에 더 부지런히 움직였던 것 같아요.

**작은 공사가 아니었네요. 아파트나 빌라처럼 비교적 쉬운
선택지를 염두에 둘 수도 있었을 텐데요.**

예진 다른 선택지를 생각해 본 적은 없어요. 꼭 주택에 살고
싶었거든요. 공사를 할 때 저희 예산을 생각해 남편한테
"범위 안에서 끝내줘!"라고 했는데, 그 적정선을 조율하는
게 조금 힘들긴 했지만요. 남편 입장에서는 이렇게 할
수밖에 없으니 견적을 추가하자 하고, 저는 "안돼. 이 금액
안에서 해결해야 돼." 그랬거든요. 하고 나니 예상보다 돈이
배로 들어서 현타가 오기도 했죠. 그래도 공간은 너무
마음에 들어요.

승철 만나본 클라이언트 중에서 가장 힘들었네요. (웃음)
그래도 이 집이 저희에게 온 기회라고 생각했고, 둘 다
디자이너기 때문에 욕심도 났죠. 아내와 이야기 해가면서
주어진 기회를 잘 잡은 것 같아요.

집을 꾸미면서 가장 신경 쓴 부분은 어디인가요?

예진 실은 집 디자인을 하면서 남편과 많이 다퉜어요. 저도 인테리어 회사에서 일을 잠깐 했던 적 있기도 하고, 둘 다 디자이너다 보니 욕심이 나서 부딪치는 부분이 생기더라고요. 그래서 2~3층은 제가 주도적으로 움직이고 1층은 남편이 주도적으로 움직였어요. 저는 항상 갈색 타일로 꾸미고 싶다는 로망이 있었거든. '이번 기회에 해보자' 생각해서 1층 화장실과 3층 화장실에 갈색 타일을 사용했어요. 지금도 제일 마음에 드는 공간이에요.

승철 저희는 미니멀하고 깨끗한 공간에 포인트가 하나씩 강하게 있는 공간을 좋아해요. 1, 2, 3층 베이스는 회색이지만 2층 바는 어두운 우드톤으로, 3층 공간이나 화장실도 대비되는 느낌으로 꾸몄어요. 그게 가장 신경 쓴 부분이에요. 공간을 구성할 때 흔하고 유행하는 건 싫어해요. 집이야말로 가장 사적인 공간이기 때문에 남에게 보이는 모습을 생각하기보단, 내가 좋아하는 취향으로 가득 채워야 한다고 생각해요.

취향에 맞게 집을 꾸밀 때 기억할 만한 팁이 있을까요?

예진 메인 컬러를 먼저 정하는 것. 처음 집을 꾸밀 때는 집기나 가구, 패브릭 제품에 색을 많이 사용했는데, 집이 북향이라 해가 쨍하게 들지 않아 색이 안 살더라고요. 그래서 어울리는 톤으로 한 번 싹 바꿔야 했어요. 톤을 낮추고 포인트 컬러인 핑크와 브라운이 잘 보이게끔

80

스타일링했죠. 아기방은 온전히 아기방처럼 느껴지도록 알록달록하게 꾸몄고요. 처음에 큰 틀의 색을 잘 정하는 게 중요해요.

승철 또 하나 팁이 있다면, 색감이 세면 유행 타거나 쉽게 질릴 수 있어서, 고치기 어려운 벽지 같은 부분에 넣기보단 움직일 수 있거나 교체가 가능한 물품으로 하는 걸 추천해요. 예를 들면 커튼, 침구류, 꽃 등으로 컬러 포인트를 주는 것이 좋아요.

또 하나의 포인트일까요. 집 곳곳에 예쁜 가구가 눈에 띄어요.

예진 남편이 가구를 직접 만드는 걸 좋아해서 집 안 곳곳에 직접 만든 가구들이 있는데, 그중 하나가 TV 밑 수납장이에요. 제작하는 데 시간도 오래 걸린 만큼 굉장히 유용하게 활용하고 있어요. 가장 애정하는 가구예요.

승철 저는 아들이 쓰는 조그마한 소파를 참 좋아해요. 개인적인 로망이 갈색 고급 가죽 소파를 사는 건데, 마음에 드는 물건을 보면 2~3천만 원 하니까 비싸서 못 사고 있거든요. 그래서 아들이 없을 때 아들 소파에 제가 앉기도 해요. 작지만 그 소파를 보면서 대리만족하고 있습니다.

직접 집을 꾸민다는 게 인테리어 디자이너여서 가능한 선택이었을 수도 있겠어요.

예진 맞아요. 요즘에는 셀프로 하시는 분들도 되게 많고 물론 색다른 경험이 될 수 있지만, 시간과 금전을 생각할 때 결코 저렴하지 않거든요. 간혹 혼자서도 잘하시는 분들도 계시지만 극소수고요. 사실 전문가 도움을 받는 게 좋은 방법이긴 하죠.

승철 아내 의견에 동의해요. 공사할 때 장비가 필요한 경우가 있고, 장비를 다룰 줄 안다 해도 한 번만 쓰자고 구매하기엔 부담이 커요. 여러 사람이 진행하면 빨리 끝날 일인데 혼자 하면 오래 걸리거든요. 시간적으로 여유가 있고 좋아하는 일이라면 괜찮은 경험이라 생각하지만, 그게 아니라면 추천하지는 않아요.

나만의 공간을 꾸미려 준비하는 사람에게 해주고 싶은 조언이 있다면 무엇인가요?

승철 본인이 확실히 뭘 좋아하는지 알았으면 좋겠어요. 자기가 뭘 좋아하는지 모르거나, 입 밖으로 내기 어려워하는 사람이 많아요. 그러다 보니 집을 꾸민다는 사람 대부분이 무난한 화이트를 고르게 되는 거죠. 내가 좋아하는 걸 정확히 알아야 자기만의 공간을 만들 수 있다고 생각해요.

예진 저는 집이 집다워야 할 필요는 없다고 말해주고 싶어요. 카페를 좋아하는 사람이라면 카페처럼 집을 꾸밀

수 있는 거고, 영화 감상을 좋아하는 사람이라면 극장처럼
꾸밀 수도 있는 거거든요. 남편과 똑같은 얘기인데,
일반적으로 유행하는 것보다 자기가 좋아하고 편안함을
느끼는 환경이 뭔지 제대로 파악하는 게 중요하다고
생각해요.

앞으로도 직접 만든 이 집에서 계속 살 생각이신가요?

예진 사실 어제 집을 보고 왔어요. 투자 목적으로 보러 간
건데, 거기서 살아 보면 어떨지 한번 생각해 보게 되었죠.
그런데 아무리 생각해도 이젠 주택이 아닌 형태에서는 못
살 것 같더라고요. 저는 이 집이 진짜 마음에 들거든요.
뒤에 마당도 있고, 사무실과 집을 같이 쓸 수도 있고. 집을
똑 떼어내서 다른 지역으로 가져가고 싶을 정도로요.
(웃음) 그렇지만 여기가 아이가 자라기에 좋은 동네는
아니라고 생각해요. 킥보드를 마음껏 탈 수 있는 길도
마땅치 않고 놀이터나 공원도 멀리 떨어져 있어서요.

승철 맞아요. 골목에 차가 쌩쌩 다니다 보니 아이가 놀 데가
없더라고요. 아이가 너무 빨리 커서 더 넓은 곳으로 이사
가야겠다 생각할 때도 있고요. 그래도 몇 년간은 이 자리를
지키고 싶어요. 나중에 이사하게 된다면, 지금 이 공간을
다른 사람에게 보내줄 때 속이 많이 상할 것 같아요. 그만큼
가족들과의 추억이 묻어 있는 공간이니까요.

그때도 집과 스튜디오가 합쳐진 주거 형태를 선택하실지 궁금해요.

예진 스튜디오 규모에 따라서 조금 달라지겠지만 한 층은 사무실로 쓰고 싶어요. 가장 이상적인 형태는 지금처럼 1층을 사무실로 쓰고, 평형이 넓다면 2층은 세를 주고, 가장 위층에 저희가 사는 방식이에요. 금전적으로 여유가 된다면 그러고 싶은데 지금 형태도 장점도 너무 많아서 쉽게 포기 못 하는 것 같기도 해요.

승철 아이 키우기에 좋은 지금 형태도 만족하지만, 나중에 이사하게 되면 외부 계단을 하나 놓고 싶어요. 집 밖을 한 번은 나갔다 들어오는 구조였으면 해서요. 지금은 일을 해도 집, 씻으러 가도 집, 출근해도 집이니까 밖에 한 발짝도 안 나가게 되고, 일과 주거의 공간을 구분하고 싶다는 마음이 들더라고요. 계속 같은 공간에서 지내기보다 새로운 풍경을 보며 환기할 필요가 있는 것 같아요.

마지막 질문입니다. 두 분에게 '집'이란 어떤 의미인가요?

승철 집은 가족을 지켜주는 '가드'라고 생각해요. 간혹 제가 일 때문에 늦게 들어올 일이 있는데, 집에 들어가기 전까지 저 대신 집이 가족을 지켜주고 있다고 생각하거든요. 아내가 늦게 들어올 때도, 걱정하다가도 집 문을 열고 들어온 순간부터 마음이 놓여요. 항상 가족을 지켜주는 안전지대 같아요.

예진 옛날에 <러브하우스>라는 프로그램을 보고 인테리어 디자이너가 되는 걸 꿈꿨어요. 어릴 때부터 가장 하고 싶었던 일이 내 집을 예쁘게 꾸며서 가족들과 오순도순 행복하게 사는 거였고요. 실제로 인테리어 디자이너가 되지는 못했지만 어떻게 보면 꿈을 이룬 거죠. 그래서 집은 꿈을 실현할 수 있는 공간이자 우리 가족만의 보금자리라고 생각해요.

CHECKLIST
소중한 존재와 함께 살고 있는 나에게

○ 나의 라이프 스타일에 변화를 준 존재가 있나요?
　(반려견, 반려 식물, 반려자, 자녀 등)

○ 5년 후에도 지금과 같은 가족 구성원을 유지하고
　있을까요? 다른 존재와 함께하게 된다면 어떤
　대상일까요? (결혼, 자녀, 반려동물 입양 등)

○ 같이 사는 존재의 일과 시간, 생활 패턴은 나와 많이
　다른가요?

○ 누군가와 함께 살 때 꼭 지켜줬으면 하는 생활
　규칙이 있나요?

○ 현재의 가족과 함께 살기에 적당한 방의 개수는 몇
　개인가요?

○ 공용 지출은 어떻게 관리하나요?
　(공과금, 임대료, 공동 물품 구매비용 등)

○ 함께 살며 갈등이 가장 많이 생기는 부분은
　무엇인가요? 또 어떻게 갈등을 해결하나요?

○ 독립하더라도 부모님, 형제자매와 가까이서 자주
　교류하기 vs 원래의 연고지와 떨어진 곳에서
　독립적인 생활 꾸리기

오래된 아파트!
연고 없는 동네지만
독립해 살고 싶어!

사람의 성장 과정에서 '독립'이란 언젠가 이뤄야만 하는 숙제 중 하나이다. 홀로서기의 나이와 환경은 모두가 다르겠지만, 여러 가지를 직접 따져보고 살아갈 동네와 집을 선택하는 과정은 막연하면서도 두렵다. 하지만 그 과정을 통해 더욱 단단해진 자신을 발견하고 성장하는 것도 진정한 '독립'의 일부가 아닐까? 연고가 없는 동네였지만, 자신의 첫 선택으로 동네와 집을 이뤘기에 더 많은 애착이 간다는 윤태영과 김성진처럼 말이다. 유학 생활을 통해 타지에서의 주거 변화를 겪으며 확립해 나간 나만의 집과 동네 이야기를 들어보자.

Klarwind

"옛날의 흔적들이 켜켜이 쌓인 울퉁불퉁한 도시에 살고 싶었어요."

▦ **거주 연도**	2020년 ~ 현재
▦ **거주 동네**	인천 용현동
▦ **가구 형태**	2인 가구
▦ **주거 형태**	아파트

간단한 본인 소개를 부탁드립니다.

태영 안녕하세요. 사회정책 연구자 윤태영입니다. 기관에 소속되지 않고 프로젝트별 조사를 수행하거나 연구 보고서를 집필하는 독립 연구자예요. 인하대학교에서 시간강사로 일하게 되면서, 2020년 9월부터 용현동 저층 동아아파트에 거주하고 있어요.

성진 저는 정치학 박사과정 재학생이면서, 아내 태영 씨와 같은 사회과학 분야 독립연구자로 활동하고 있는 김성진입니다. 아내가 이 집을 구해서 먼저 살고 있었고 저는 이후에 아내를 만나 이 집으로 들어오게 됐어요.

두 분은 원래 인천에 살아오셨나요?

성진 저는 고향이 인천 계양구예요. 아주 어렸을 때도 지금 살고 있는 아파트와 굉장히 비슷한 환경에서 조부모님, 부모님, 저, 동생까지 여섯 식구가 살았던 기억이 나요. 부모님이 부천 신도시 청약에 당첨되어 이사하면서, 7살부터 학창 시절 대부분은 인천과 가까운 부천에서 보냈어요.

태영 저는 원래 지방 사람이에요. 어렸을 때부터 서울 생활의 꿈을 품고 있었죠. 그러다 대학을 서울로 진학하면서 온 가족이 모두 서울로 올라왔어요. 덕분에 20대는 거의 서울에서 보냈어요. 20대 후반부터 30대 중반까지는 7년 정도 독일에서 유학 생활을 하다가 한국에 들어오고부터는 인천에 자리 잡아 살고 있어요.

태영 님이 인천에 집을 구한 이유가 궁금해요. 전혀 연고가 없던 동네인데 말이에요.

태영 꽤 오랜 시간 유학 생활을 마치고 한국에 있는 본가로 돌아오니 어머니랑 라이프 스타일이 너무 많이 달라졌더라고요. 같이 지내기 힘들어 독립을 생각하게 되었죠. 때마침 인하대학교에 시간강사로 일하게 되면서, 학교가 위치한 인천에 자리 잡는 게 좋겠다고 생각했어요. 가진 예산도 서울에 살 만큼 많지 않았고요. 여러 동네를 탐색하는 시간을 거쳐 이곳에 정착하게 되었어요.

성진 님은 고향인 인천에 몇십 년 만에 다시 발을 들인 셈이네요.

성진 맞아요. 사실 저는 부천에서 산 세월이 더 길어서 인천에는 애착이 별로 없었어요. 대학 시절에도 부천에서 서울까지 통학했고, 군 생활로 대구에서 2년, 교환학생으로 아이슬란드에서 6개월, 석사 유학생으로 핀란드에서 4년을 살다가 한국에 돌아왔을 때도 부천에 살았거든요. 아내를 만나면서 머나먼 세월을 돌아 인천으로 다시 오게 되었어요. 처음에는 별생각 없었는데, 여기 살면서 할머니, 할아버지랑 아파트에 같이 살던 어린 시절이 떠오르더라고요. 시골 마을같이 정감 있는 풍경도 조금씩 남아있어 좋고요. 인천에도 점점 애착이 생겨났어요.

두 분 다 유학 생활을 하셨잖아요. 해외 유학 중 거주했던 곳들의 환경은 어땠나요?

태영 저는 독일 괴팅겐(Göttingen)이라는 도시의 한 기숙사에서 7년을 지냈어요. 그 도시 안에 있는 대학교에서 박사과정을 마쳐야 하다 보니 자연스럽게 그렇게 되었죠.

성진 핀란드 헬싱키에서 석사 유학 생활을 했던 2015년부터 4년 동안 5~6번 이사를 했는데요. 대부분 스튜디오*였어요. 학생일 때는 행복주택처럼 도시 곳곳에 퍼져 있는 셰어하우스 아파트에서 살기도 하고, 인턴 생활을 위해 아이슬란드에서 잠시 살기도 했어요. 다시 핀란드로 돌아와서도 에스포(Espoo)라는 도시의 학생 기숙사 스튜디오에서 지냈고요. 졸업 후에는 외곽 도시로 이동해 일반 스튜디오를 구해야 했죠. 렌탈비가 엄청 비쌌지만 어쩔 수 없었어요. 마지막으로 다시 헬싱키에 있는 지인 스튜디오에서 지내다가 한국으로 돌아오게 되었어요. 돌아보니 짧은 단위로 주거지를 자주 옮겼네요.

어떻게 보면 두 분이 정반대의 주거 생활을 하셨군요.

태영 오히려 한국에 와서는 저도 만만치 않게 이사를 많이 했어요. 인하대에서 일하면서 처음에는 본가인 서울 광진구에서 출퇴근했거든요. 광역버스를 타고 한 학기

---

* 벽이나 파티션 없이 오픈 플로어 형식으로 만든 공간을 서구권에서는 '스튜디오'라고 부른다. '원룸'과 유사한 구조이나 일반적으로 한국의 원룸보다 크기가 두 배 이상 크다.

다녀보니까 너무 힘들더라고요. 독립을 하려고 동네를 알아보다가, 2019년에 학익동에 있는 셰어하우스를 구하게 되었어요. 거기서 두 달 정도 살았는데, 집이 인하대 근처이다 보니 하우스 메이트가 거의 학부 1, 2학년 학생들이었어요. 저 혼자 30대 후반이어서 친해지기도 어렵고, 오랫동안 거주할 환경이 아니었죠. 그다음에 살았던 집은 인하대역 앞의 신축 아파트였는데, 보통 셰어하우스는 임대인이 다른 곳에 거주하면서 세입자한테 집을 내주잖아요. 거기는 원래 집주인 부부랑 아들, 딸까지 네 가족이 사는 가정집이었어요. 아드님이 해외 근무를 하게 되면서 빈방에 제가 들어가서 사는 형태였어요. 일종의 하숙집이죠.

신축 아파트 방 한 칸에서의 하숙이라니 정말 특이해요. 하숙집 생활은 어땠나요?

태영 너무 만족스러웠어요. 그 집 살면서 일상 패턴이 건강하게 변했어요. 집주인 분들이 근면한 분들이셔서 아침 6시에 일어나 다 같이 아침을 먹어야 했거든요. 자연스럽게 야행성이었던 사이클이 바뀌더라고요. (웃음) 또 하나의 암묵적인 룰이 있다면, 일요일 저녁을 꼭 함께 먹어야 했어요. 제가 토요일 아침마다 수영 갔다가 본가에서 하룻밤 자고, 일요일 3시쯤 하숙집으로 돌아왔거든요. 그러면 밀린 빨래를 하고, 집주인 아주머니 아저씨와 함께 저녁밥을 먹는 거예요. 막상 그 집 따님은 밖에 나가는 일이 많아서 대부분 셋이서 먹었어요. 그 시간이 저한텐 참 재밌고 좋았어요. 시간강사로 일하던 불안정한 때였는데 아주머니와 도란도란 얘기를 나누기도 하고. 그게 되게 안정감을 주더라고요. 마치 유사 가족처럼, 독립했는데 또 다른 엄마와 사는 느낌이랄까요. 반년 정도 그렇게 지냈는데, 일을 그만두게 되면서 집을 옮기게 되었어요. 하숙비가 조금 부담되기도 했고, 집도 살림도 제 것이 아니다 보니 완전한 독립을 하고 싶다는 마음이 생겼거든요. 2020년 6~7월쯤부터 열심히 집을 찾다가 결국 지금 집으로 오게 되었어요.

두 분 다 이사라면 도가 텄겠어요. 이곳저곳 살 곳을 옮겨 다니는 일이 힘들지는 않았나요?

성진 저는 해외에서 짧은 시기에 여러 형태의 집을 거치면서 엄청 지쳐있는 상태였어요. 돈도 없었고요. 처음 집을 구해서 들어갈 때는 항상 새로 시작하는 마음이라 기분이 좋았어요. 그런데 나갈 때가 다가오면 새로운 집을 찾아야 하니까 스트레스받더라고요. 새집에 들어가거나 이사 가기 위해 짐을 정리하면, 방이 비어있으니 말을 하면 목소리가 벽에서 튕겨 나와 마이크 에코처럼 울리거든요. 저는 그 울리는 소리가 트라우마가 되어서 너무 듣기 싫더라고요.

태영 한국에 들어와서 2년 정도를 불안정하게 생활했거든요. 생각해 보면 주거지에 대한 불안감도 있었지만, 삶의 전체가 불안정했던 것 같아요. 거주의 불안정은 그중 일부였던 거죠. 그 시기에 앞으로 나아가야

103

할 방향에 대해 고민이 많았어요. 그러는 도중에 주거지도 정해지지 않고 옮겨 다니니 더 불안하고 힘들다고 느꼈던 것 같아요.

집이 굉장히 심플해요. 여기에도 잦은 이사의 영향이 있는 건가요?

태영 맞아요. 냉장고도 당장 먹을 것만 사고, 그때그때 필요한 것들을 간소하게 구매해서 살고 있어요. 굳이 많이 사서 쟁여두려 하지 않고요. 얼마 전에도 대청소를 하면서 저희가 주기적으로 보지 않는 책들을 싹 버렸어요. 4계절 이상 입지 않은 옷들도 전부 버렸고요. 가지고 있으면 짐이 되니까요. 유학을 하고 이사를 자주 다니다 보니 언제든지 떠날 수 있도록 짐을 최소화해서 살고 있어요.

자주 사고 자주 버리는 습관을 가지게 된 것처럼, 두 분 모두 유학 생활을 오래 하다 보니 라이프 스타일이 달라졌을 것 같아요.

태영 맞아요. 딱 떠오르는 건 화장실을 건식으로 쓴다는 점이에요. 한국 와서도 물을 화장실 바닥에 절대 안 남기게 됐어요. 방바닥이랑 똑같이 홈 슬리퍼 신고 들어가요. 그리고 독일에서 에티켓으로 배운 것 중 하나가 현관문 바로 앞에 외투걸이(Garderobe)를 두는 거였어요. 특히 독일에서는 겨울에 눈이나 비가 자주 오는데, 우산 없이 눈비 맞은 옷을 그대로 입고 다니거든요. 대신 밖에서 입은 옷을 집 안까지 가지고 오지 않아요. 그래서 손님이 왔을 때나 겉옷을 걸어두는 용도로 외투걸이를 집에 두고 있어요.

성진 핀란드도 마찬가지예요. 외투걸이가 또 중요한 게, 아직 외국에서는 전자식 도어락을 많이 쓰지 않거든요. 열쇠를 가지고 다니는데 집주인 허락 없이 복사도 할 수 없고, 한번 복사하려면 3~40만 원은 거뜬히 들어요. 잃어버리면 낭패인 거죠. 현관 앞 외투걸이에 열쇠를 걸어 보관하면 나갈 때 잊지 않고 가져갈 수 있어서 좋아요. 아, 그리고 집에 TV가 없다는 점도 있네요. 이제는 TV 없이 지내도 익숙해져서 앞으로도 구매할 생각은 안 들어요.

재밌는 문화 차이네요. 지금껏 여러 형태의 주거지를 경험하면서 자신만의 동네를 고르는 기준도 생겼을 것 같은데요.

성진 저는 울퉁불퉁한 도시에 살고 싶었어요. 서울이나 근교 신도시처럼 아주 매끈하게 만들어진 도시보다, 옛날의 흔적들이 켜켜이 쌓인 울퉁불퉁한 도시에 살고 싶었어요. 미추홀구는 그런 면에서 저한테 적당한 도시 같아요. 그리고 서울에 가면 사람이 진짜 많잖아요. 저는 부천에서 서울을 왔다 갔다 하면서 그게 견디기 힘들었거든요. 누군가는 그런 점이 좋다고도 하지만 제게는 터무니없는 공간처럼 느껴졌어요. 사람도 터무니없이 많고, 모두가 터무니없이 바쁘니까요. '서울 같지 않은 곳'. 그게 제가 원하는 동네의 기준이었어요. 핀란드에서 생활하면서 더 크게 느끼게 되었죠.

105

태영 저도 비슷해요. 정신적으로 편안하고 번잡하지 않은, 그렇지만 적당히 도심이라 생활 시설이 갖춰져 있는 동네를 원했죠. 서울은 아니어도 언제든 서울로 쉽게 갈 수 있는 위치라면 더 좋고요. 하지만 무엇보다 중요한 기준은 '수영장'이에요. 제가 수영을 좋아하거든요. (웃음) 여기엔 수영장이 가까이 있어 좋아요. 아! 걸어서 산책할 수 있는 공원과 도서관이 있는 것도요.

그렇게 만난 지금의 동네는 마음에 드시나요?

태영 이사를 자주 하게 되면서 걱정이 많았는데 용현동은 제가 원하는 모든 것을 딱 만족하는 동네였어요. 서울도 쉽게 갈 수 있었고, 원하는 환경들이 모두 갖춰져 있었거든요. 그래서 처음 셰어하우스에 살면서 동네를 탐색하는 시간을 가졌던 것 같아요. 이후로 집을 구할 때는 근처 용현동의 여러 곳을 봤지만, 바로 앞에 있는 고가도로(경인고속도로)를 넘어가지 않는 것이 원칙이었어요. 지금은 고가도로 바로 건너에 대규모 아파트 단지가 들어와서 괜찮아졌지만, 제가 처음 왔을 때는 방치된 부지라 밤에 치안이 좋지 않았거든요. 지금 사는 아파트 바로 뒤에 신축 아파트 단지가 있는데, 큰 대단지는 관리가 잘 되잖아요. 그러다 보니 받는 수혜도 있어요. 아파트 단지가 공공재처럼 치안이나 동네의 생활 환경을 바꿔주는 장점도 있더라고요.

고마운 이웃 단지네요. 건너편 신축 아파트 단지와 다른 면으로 저층 동아아파트는 특유의 평화로운 분위기가 있는 것 같아요.

태영 그렇죠. 겉으로 보기에는 노후화되어 보이지만, 안은 굉장히 알찬 곳이에요. 공간도 알차게 꾸며서 쓸 수 있고, 벽이 두꺼워서 옛날 아파트가 주는 안정감을 느낄 수 있어서 마음에 들어요. 무엇보다 아파트의 입지가 가장 맘에 들어요. 바로 뒤에 고층 아파트가 들어서다 보니 웬만한 편의시설은 다 있고, 토지금고 시장도 가까워서 장 보러 가기도 좋아요. 대형마트도 가깝고요. 동네 인프라가 좋은 점이 큰 매력이라 생각해요.

집을 구할 때 중요하게 생각했던 부분은 무엇인가요?

태영 첫 번째로 원룸은 안 된다. (웃음) 유학 때 기숙사가 책상과 침대가 따로 있는 구조였어요. 그때 태어나서 책상과 침실이 분리된 공간을 처음 사용해 봤거든요. 근데 그 구조가 저한테는 일의 효율성도 높이고 좋았어요. 공유 주방을 써서 부엌도 방과 분리되어 있었는데, 잘 때 냉장고 기계음이 들리지 않아서 좋더라고요. 두 번째로는 전세여야 한다는 점이었어요. 지속적으로 나가는 월세가 부담스럽고, 금리가 저렴할 때여서 주거 상황이 안정적인 곳으로 가는 게 좋겠다 싶었어요. 그래서 월세보다는 전세로, 빌라나 다세대 주택보다는 아파트에 살아야겠다고 결정했죠.

성진 해외에서 이사를 자주 하다 보니 이후 집을 구할 때 원하는 조건들이 몇 가지 있었어요. 그중 하나는 '벽간소음'이었는데, 우리나라는 층간소음이 문제지만 해외는 벽간소음이 더 심하더라고요. 그래서 벽간소음이 없는 두껍고 튼튼한 곳을 원했어요. 그리고 셰어하우스에서는 세탁기를 공용으로 쓰는 점이 불편했거든요. 집 안에 세탁기가 있어 혼자 쓸 수 있으면 좋겠다고 생각했어요.

보통은 신축 아파트를 선호하는 사람이 많은데 두 분이 느끼는 구옥 아파트만의 장점도 있을지 궁금해요.

태영 우선 집값이 저렴하면서도 생활하기 편리해요. 관리실이 있고 단지 내 사람들과 경비원이 계속 돌아다니기 때문에 치안도 괜찮고요. 시세를 쉽게 알 수 있어서 언제든 들어오고 나갈 수 있는 곳이라는 점도 큰 장점 같아요. 그리고 여기 아파트 오래 산 어르신들이 지내시는 풍경을 보면 정말 정답거든요. 요즘은 옆집에 누가 사는지도 잘 모르는데 여기는 1층에서 펼쳐놓고 김치 담그고, 생선 다듬고, 가끔은 돼지고기도 삶고 그러세요. 선선한 날에 창문을 열어놓으면 바깥에서 아이들 대화하는 소리, 어르신들이 얘기하는 소리가 잔잔하게 들려서 평화롭고 아늑해요.

성진 우리 아파트만의 사이클이 있어요. 오후 4시쯤 되면 어르신들이 아파트 벤치에 한 줄로 쭉 앉아계시고, 길고양이 밥 주는 시간도 정해져 있어요. 되게 색다르죠.

도심인데도 옛 풍경 같고요. (웃음) 그리고 90년대에
지어진 아파트라서 그런지 시멘트를 꼼꼼하게 발라서 엄청
튼튼한 느낌이 있어요. 요즘 신축 아파트는 튼튼한 것보다
기술적인 효율성을 좀 더 따지는 느낌이더라고요. 여기는
구축인데도 벽이 두껍고 튼튼해 층간, 벽간 소음이 없어요.

옛 풍경을 간직한 곳이기 때문에 겪을 수 있는 재미난 이야기가 더 있나요?

성진 22년 9~10월쯤에, 원래 아내가 혼자 살던 집이었고
저는 들어오기 전이라 왕래만 하고 있었는데요. 아내가 4일
정도 호텔에 머물러서 집에 안 들어왔는데, 택배를
시켜놓고 집에 못 들어오니까 문 앞에 계속 놓여 있었나
봐요. 어느 날 관리사무소에서 전화가 온 거예요. 집주인은
며칠째 안보이고, 낯선 남자는 왔다 갔다 하고, 택배는
그대로 놓여있으니까 혹시라도 험한 일 당했을까 봐
걱정해서 연락해 주셨더라고요. 요즘에는 이웃에 누가
사는지도 모르는데, 따뜻함을 느낄 수 있었어요.

두 분이 아파트 단지나 동네에서 특히 좋아하는 장소는 어딘가요?

태영 아파트 단지에서 인하대역으로 가는 길을 자주
다녀요. 길이 여러 갈래예요. 큰길 건너가거나 아파트
단지를 가로질러 가거나. 저는 대부분 큰길과 아파트 사이
'수인선 바람길숲' 거리로 걸어가는데, 산책하기

좋더라고요. 평행하게 쭉 길이 뻗어있고 철마다 꽃이나 풀이 피거든요. 도시에서 느껴볼 수 없는 자연의 풍경이라서 제일 좋아해요.

성진 저도 비슷하게 숲길 걸어서 인하대역 가는 길이나, 인하대학교 운동장을 좋아해요. 주민들도 공공으로 사용하도록 학교 운동장을 항상 열어두는데, 외국인 유학생부터 동네 주민, 근처 중고등학교 학생들까지 다양한 사람들이 이용하거든요. 그 활기찬 풍경이 좋아요. 가끔 밤에 운동장 트랙을 뛰다가 하늘을 보면 달이 크게 떠 있는 풍경도 근사하고요.

두 분의 이야기에서 동네와 집에 깊은 애정이 묻어나는 듯해요. 본인이 생각하는 현재의 동네는 어떤 공간과 의미인가요?

태영 이전까지 살던 곳들에서는 진정한 나만의 공간이 없다 보니 제대로 된 독립을 이루지 못한다는 느낌이었어요. 그런데 지금 사는 곳은 제가 찾는 것부터 이사해서 내부를 채우기까지 모두 혼자 해서 더 애착이 가요. 처음부터 동네의 모든 것을 속속들이 알고 온 건 아니었지만, 살다 보니 점점 편하고 익숙해져서 여기서 계속 살아도 좋겠다는 생각이 들더라고요.

성진 저에게도 편안함을 주는 곳이에요. 아파트 단지를 둘러보면 살고 계신 분들이 대부분 어르신이라 아파트가 조용하고 주민끼리 불화도 거의 없어요. 층간 소음도 없고,

단지가 아담해 차를 피해 다녀야 하는 스트레스도 없어요. 특히 대학교 근처 인프라가 연구자인 저희 부부에게는 메리트더라고요. 인하대 앞에 저렴한 제본소도 있고, 도서관도 있어서 편하게 이용할 수 있어요. 동인천이나 주안역, 서울로 갈 수 있는 버스도 바로 앞까지 와서 편리함을 많이 느껴요.

이곳은 전세로 거주 기간이 정해져 있어서 언젠가 이사를 고려하실 텐데요. 이다음 내가 살 집을 고른다면 어떤 곳일까요.

태영 오래된 전세 아파트에 살다 보니 한계가 있더라고요. 예를 들면, 샷시가 오래됐는데 바꿀 수 없다는 점이라든지 수압이 낮다는 점, 베란다 공간이 좁다는 점 같은 것들요. 다음 집을 고른다면 수압이 높고, 베란다 공간이 넓은 집으로 가고 싶어요. 사람이 살다 보니 짐이 점점 생겨서, 아무리 미니멀하게 지내도 현재 집보다 다음 집은 좀 더 넓은 공간이 필요하겠더라고요. 하지만 용현동은 정말 맘에 들어서 계속 이 동네 안에 머무르고 싶어요.

마지막 질문이네요. 자신에게 '집'이란 어떤 의미인가요?

태영 집은 '몸'이라 생각해요. 몸이 편해야 정신도 편해지잖아요. 집이 편해야 생활이 편해지고, 몸도 정신도 건강할 수 있어요. 유학도 하고, 한국에서 이사도 많이 하면서 '직주근접'을 중요하게 생각하게 되었어요. 특히 요즘에는 재택근무도 많이 하고 있고요. 그래서 일상과 매우 가까운 '몸'과도 같은 것으로 생각해요.

성진 '독립적 공간.' 지금 살고 있는 집이 한국에서 얻은 첫 집이잖아요. 집이라는 독립된 공간을 통해 스스로 '나'라는 하나의 자아를 성립할 수 있었어요. 앞으로도 여기서 성장해 가고 싶어요.

CHECKLIST
독립과 이사를 앞둔 나에게

○ 독립의 경험이 있나요? 독립을 통해 얻은 것과 잃은 것이 있다면?

○ 지금까지 살아온 집 중 어떤 집이 가장 힘들었고 어떤 집이 가장 기억에 남나요?

○ 이사할 곳을 한 지역 안에서 찾는 편인가요, 여러 지역을 다니며 찾는 편인가요?

○ 매매, 전세, 월세 중 현재 나의 상황에 더 잘 맞는 건 어느 쪽인가요?

○ 새집을 구할 때 놓칠 수 없는 한 가지의 기준이 있나요? (마당, 옥상, 큰 창문 등)

○ 독립한다면 지금의 집에서 가져가고 싶은 아이템이나 생활 습관이 있나요?

○ 다음에 이사한다면 어떤 점이 보완되면 좋을 것 같나요?

○ 세련된 신축 아파트 vs 정겨운 구축 아파트

만월집!
직접 이름 붙인
나만의 아지트에
살고 싶어!

"집이 사람이라면 그 사람이 '저'였으면 좋겠어요."
만수산 자락 단조롭고 평범하게 들어서 있는 빌라
사이로 자신만의 아늑한 집을 꾸린 이가 있다.
사랑스러운 친구를 대하듯 집과 방에 이름을 붙이고,
오가는 손님들의 흔적을 아껴 간직하는 황혜원.
현관문을 열고 들어서면 창밖으로는 초록의 풍경이
평온하게 숨 쉬고, 아기자기한 소품들과 고양이 한
마리가 반겨주는 그의 집 안에는 곳곳에 그를 닮은
세심함이 묻어난다. 동네를 감싸 안은 커다란 산처럼
그와 고양이를 든든하게 지켜주는 만월집의 이야기를
들어보자.

Green. Dance. Love

"집에 들여오는 모든 물건에는 스토리가 있어야 한다는 저만의 철칙이 있어요."

거주 연도	2021년 ~ 2023년
거주 동네	인천 만수동
가구 형태	1인(+1묘) 가구
주거 형태	빌라

본인 소개와 집 소개를 간단히 부탁드립니다.

'만월집'에 사는 황혜원입니다. 현재는 편집숍에서 일하고 있어요. 일상을 글과 사진으로 기록하고 그림도 그리면서, 좋아하는 것들을 계속해서 찾아나가고 있는 수집가이기도 해요. 만월집은 제가 사는 공간인데요. 15평 남짓한 만수산 초입 5층 빌라예요.

이 집에 살기 전에는 어떤 곳들에 살아오셨는지, 주거지의 변천사가 궁금해요.

저는 청주에서 학창 시절까지 쭉 살다가 대학에 진학하면서 서울로 오게 됐어요. 기숙사 생활을 하면서 처음으로 방을 꾸며봤는데, 룸메이트가 함께 방을 쓰다 보니 제약이 있었죠. 휴학하고 잠깐 다시 청주에 있는 본가로 내려갔을 때 제 방을 본격적으로 꾸미기 시작했어요. 그런데 짐이 점점 많아져서 더 이상 물건을 둘 곳이 없더라고요. 가족들도 같이 살다 보니 하고 싶은 대로 집을 꾸밀 수가 없었고요. 그때 독립해야겠다고 결심했어요. 서울하고 가까우면서도 저렴한 값에 좋은 집을 구할 수 있는 조건을 찾다 보니 인천으로 오게 됐는데, 어느새 5년째 인천에서 살고 있네요. 처음 인천에서 자취하게 되었을 때는 구월동 신세계아파트 앞쪽 빌라에서 살았어요. 그때 집 이름은 '달맞이집'이었죠. 거기서 2년 살고 지금 집으로 이사 와서 3년째 살고 있어요.

현실적인 이유였다지만, 아무 연고 없는 도시에 정착한 결심이 대단한걸요.

인천에 연고는 없었지만 그렇다고 아주 처음 오는 것도 아니었어요. 서울에서 학교를 다녔고, 대학 동기나 아르바이트하면서 만났던 지인들도 인천에 많이 살아서 종종 놀러 왔거든요. 그래서 모르는 곳이었지만, 최소한 연락을 할 사람은 있다는 약간의 안도감에 어렵지 않게 인천을 선택할 수 있었어요. 그래도 처음으로 혼자 살다 보니 외로움을 느끼는 순간이 있긴 했어요. 그럴 때마다 친구들을 집에 초대하면서 외로움을 달랬는데, 지금은 많이 적응되어 혼자만의 시간을 보내는 루틴이 생겼죠.

집에 이름을 붙인 것이 인상 깊어요. 집에 대한 애정이 느껴지기도 하고요.

조금 특이하죠. (웃음) 인천에 처음 자리 잡을 때 이사를 도와준 친구가 모든 것에 별명 붙이기를 좋아했어요. 그 친구가 제 집에도 이름을 붙여보자 하더라고요. 엉뚱하지만 흥미로운 제안이어서 수락했어요. 이삿날이 6월 21일이었는데 그날의 탄생화가 달맞이꽃이더라고요. 그래서 '달맞이집'으로 이름 지었어요. 게다가 그 집 창문이 커서 달이 엄청 잘 보였거든요. 의도치 않게 잘 맞는 이름이었던 거죠. 그때부터 사는 집마다 이름을 지어주기로 결심했어요. 이름을 짓고 부르니까 스스로가 집에 애정을 더 담게 되더라고요.

집에서 더 가까운 건 만월산보다 만수산인데, 집 이름이 '만월집'인 이유가 있나요?

여기가 만수동이라서 처음에 이사 왔을 때는 집 근처에 만수산만 있는 줄 알았어요. 그런데 집 뒤쪽으로 가보면 '만월쉼터'가 있는 거예요. '만수산 앞에 왜 만월쉼터가 있지?'하는 궁금증이 있었는데, 알고 보니 만수산 바로 옆으로 만월산이 이어져 있었어요. '만월'이라는 단어에는 '보름달'이라는 의미가 있거든요. 마침 이사 오기 전에 살던 집 이름이 달맞이집이었으니, 이 집을 만월집이라 부르면 '달'로 의미가 이어지겠더라고요. 혼자 살지만 만월집이 이름처럼 든든히 버텨줘서 힘이 많이 되었어요.

그야말로 보름달 같은 집이네요. 이 집의 어떤 점이 마음에 들어 이사를 결정하게 되었나요?

만월집을 보기 전까지 집을 정말 많이 보러 다녔어요. 그때 좌절도 실망도 많이 했어요. 딱 마음에 드는 집이 없어서 '이사 날짜를 더 미뤄야 하나?' 고민까지 했거든요. 그러던 중 이 집을 딱 보게 되었어요. 그때는 리모델링 공사 중이었는데, 제가 계약을 하면 공사 후 처음으로 입주하게 되는 조건이었죠. 집안을 둘러보다가 마침 창밖으로 출렁대는 소나무들이 보이는 거예요. 마음이 평온해지더라고요. 그 풍경에 반해버려서 '여기서 살아야겠다!' 생각하고 바로 계약했어요.

애정을 담은 만큼 인테리어도 눈에 띄어요. 게스트 하우스 느낌도 들고요.

이전에 달맞이집에 살 때 하나의 콘셉트를 잡아서 집을 꾸몄었어요. 달맞이 로고나 팸플릿을 만들기도 하고요. 그 과정이 되게 재밌었거든요. 그래서 만월집에서도 두 개의 방을 구분해서 방 이름을 짓고, 인테리어나 분위기를 콘셉트에 맞게 꾸며봤어요. 하나는 '알로록달로록방'인데요. 색감이 많이 들어간 가구를 배치하고 활동적인 일을 주로 하는 방이에요. 예를 들면 요가라든지. 빛이 많이 안 들어와서 빔 프로젝터로 영화나 영상을 보기도 하고, 무드등 켜고 책을 읽기도 하죠. 반면에 다른 하나는 침실이어서 원목이나 식물 색감의 가구를 배치했어요. 차분하고 포근하게 쉴 수 있는 공간이에요. 실제로도 혼자 편하게 작업하거나 쉬는 용도로 쓰고 있어요.

둘러보니 다양한 소품이 있어요. 소품을 고르는 안목도 뛰어나신데요.

집이랑 방에 이름을 붙인 것만 봐도 알듯이, 모든 것에 의미 부여를 하는 편이에요. 집에 들여오는 모든 물건에 의미를 담아야 한다는 저만의 철칙이 있죠. (웃음) 그래서 물건을 고를 때도 스토리가 있는 것을 좋아해요. 유행을 따라가기보다는 평소 재밌게 본 영화나 음악, 혹은 아티스트의 작품 같은 것들로 꾸미다 보니 저만의 색깔이 생기더라고요.

벽면에 붙어있는 편지함은 뭔가요?

달맞이집에 살 때, 일력을 사서 그날 집에 방문한 사람에게
일력 뒤편에 방명록을 써달라고 했어요. 만월집에서는 집에
온 사람들에게 방명록 대신 저에게 메모나 편지를 적어달라
부탁해요. 처음에 방명록을 써달라고 한 이유는 사람의
온기를 오랫동안 간직하고 싶어서였어요. 손님이 있을 때는
집에 온기가 있다가 그 사람이 떠나면서 함께 사라지고 저
혼자 남게 되잖아요. 그런데 편지나 방명록을 읽으면
온기가 천천히 식는 느낌이거든요. 정말 감사하게도 다들
잘 써주고 가셔서 하나둘씩 모으다 보니 꽤 많아졌어요.
평소에 생각날 때마다 한 번씩 읽어보면서 위안을 많이
받아요.

이야기만 들어도 온기가 전해지는 것 같아요. 방명록을 쓰는 것처럼, 만월집에 오면 지켜야 하는 규칙이 더 있나요?

등산과 아침밥이 중요한 규칙이에요. 제가 아침을 꼭 먹는
스타일이라 머물다가는 친구들이 있으면 깨워서 아침밥
먹고 만수산으로 등산을 가거든요. 전날 술을 마시거나
신나게 놀다 보면 못하는 경우도 많긴 하지만요. 그래도
최대한 만월집에 오면 등산을 하도록 사전에 얘기해요.
최근에 왔던 지인은 일상에 지쳐서 살도 빠지고 입맛도
없다고 했었는데, 저랑 같이 아침에 등산하고 밥을 먹으니
입맛이 다시 돌아왔어요. 만월집에서 지낸 후로 건강하게
일상생활을 하게 되었다고 하더라고요. 그 지인처럼
만월집에 왔을 때 사람들이 포근함과 편안함을 느끼고
갔으면 좋겠어요.

건강한 규칙이네요. 집이 산 가까이에 있다는 점이 라이프스타일에도 영향이 있을지 궁금해요.

좋은 점이 많죠. 산 근처로 오고 나서는 건강한 생활을 하게 되었어요. 근방에서 만수산이 가장 가까운데요. 집 뒤편으로 가면 산 정상까지 딱 1시간 걸려요. 종종 정상까지 등반하고 돌아오면 되게 뿌듯하더라고요. 산책로가 잘 되어있어 주민들도 많이 다녀요. 실은 정상보다 더 좋아하는 스팟이 있는데, 정상 전망대 옆에 있는 데크예요. 데크 옆쪽 벤치에 앉아서 가볍게 책 한 권 읽고 오는 걸 좋아해요. 벤치 주변을 풀과 나무들이 둘러싸고 있어서 차분히 명상이나 사유를 하기도 하고요. 만수산 데크에서 보는 풍경과 자연 속에서 오는 평온함을 사람들과 공유하고 싶어서 등산이라는 규칙을 만든 것도 있어요.

집 밖으로는 산에서 보는 풍경을 좋아한다면, 집 안에서 특히 애정이 가는 부분도 있나요?

가장 애착이 가는 것은 방에 있는 책상이에요. 혼자 살면서 일기를 쓰게 됐는데, 처음에는 좋아하는 가수 공연을 보고서 당시의 감동과 기억을 계속 가져가려고 시작한 거거든요. 쓰면 쓸수록 점점 제가 행복했던 기억이 쌓여가면서 많아지더라고요. 그러고 보니 이 책상은 처음 자취를 시작한 때부터 지금까지 계속 함께한 책상이기도 해요. 책상에 앉아 노래를 틀어놓고 쉬기도 하고, 다양한 활동을 하죠. 책상 위에서 내가 무엇을 좋아하고 어떤 사람인지 조금씩 파악하게 되는 것 같아요. 그래서 책상을 가장 좋아해요. (웃음)

일기를 자주 쓰시나 봐요. 좋아하는 걸 찾아나가는 수집가라고도 하셨죠.

맞아요. 일기는 기억하고 싶은 특별한 일이 있을 때마다 다이어리에 써요. 최근에는 많이 쓰지는 못했지만요. 요즘은 취미로 요가를 하고 있어요. 다이어트하려고 혼자 영상 보면서 따라 하기 시작했는데, 벌써 햇수로 6년 정도 되었어요. 혼자 집에서 하다 보니 실력이 좋지는 않지만 영상 보고 다 따라 할 수 있을 정도의 수준이랄까요. 다른 취미로는 독서가 있어요. 평소 출근할 때 인천1호선을 타고 종점까지 가야 해서 그 시간을 이용해 책을 읽는 편이에요. 일찍 퇴근 하는 날에는 영화를 보며 영감을 얻고, 휴일에는 좋아하는 가수 콘서트나 페스티벌에 가서 에너지를 받아오곤 하죠. 그 에너지로 이어서 일하는 것 같아요. 최근 고양이를 입양하면서 이제는 자주 가지는 못하고 있지만요.

반려묘 집사가 되셨군요.

맞아요. 고양이 이름은 '쿄'인데요. 23년 6월부터 같이 살게 되었어요. 그때 한창 실리카겔이라는 밴드의 'kyo 181'이라는 노래에 빠져 있었는데, 모든 가사가 kyo에게 "너는 사랑을 해봤니?", "학교는 갔었니?" 이렇게 질문을 던지는 형식의 노래거든요. 문득 그 말들이 고양이한테 던지는 말 같다고 느껴져서 이름을 '쿄'로 지었어요.

쿄와는 어떻게 만났나요?

언젠가 여유가 되고 고양이에게 간택을 받는다면 꼭
데려와야겠다는 생각을 한 적 있어요. 그런데 이사 오고,
만월쉼터 주변에서 쿄를 처음 만났어요. 애교가 많아서 몇
시간 같이 놀았더니 계속 쫓아 오더라고요. 하루는
심적으로 힘든 날이었는데, 동네에서 쿄를 만나 놀다 보니
자연스레 힘든 기억이 가벼워지는 경험을 했어요. 그때
'얘를 데리고 와야겠다'고 다짐했죠. 그런데 알고 보니
동네에서 쿄를 돌봐주는 분들이 계시더라고요. 그분들께
허락을 맡고 한 달 정도 아침, 저녁으로 쿄의 밥과 간식을
챙겨주면서 구애의 시간을 보냈어요. (웃음) 어느 날은
밥을 잘 못 먹길래 병원에 데려갔는데 구내염이 심해
잇몸이 다 녹아버린 상태였어요. 더 이상 길에서 생활하면
안 될 것 같아 바로 집으로 데리고 왔어요. 한 달의 시간
동안 길에서 지내는 쿄를 보면서, 외부로부터 자신을
보호하기 위해 한순간도 긴장을 놓지 못하는 모습에
마음이 아팠어요. 쿄를 데리고 오는 게 서로에게 좋은
영향을 주는 일이라고 생각했죠. 쿄를 입양한 건 제 생애
가장 잘한 일이에요.

1인 가구로 지내다가 집사의 삶을 살게 되면서 일상에도
달라진 점이 있을 것 같아요.

쿄를 만나고 일상 루틴이 많이 바뀌었어요. 전에는 아침에
일어나면 요가나 일과 기록을 했는데, 이제는 쿄에게 밥을
주고 화장실을 청소해 주면서 하루를 시작하는 일상이

되었죠. 가족 말고는 다른 생명체와 함께 살아본 건 처음이라 걱정했는데, 퇴근하고 돌아오면 쿄가 엄청 반갑게 마중 나와 인사하거든요. 이렇게 저를 기다리고 반겨주는 생명체가 있다는 사실 만으로도 많이 힐링되고 사랑받는 느낌이었어요. 덕분에 외로움도 덜 느끼고요. '함께 하면서 일상이 바뀌어도, 내 일부를 나눠줘도, 기꺼이 행복할 수 있구나' 많이 느끼고 있어요.

쿄와 함께하면서 생긴 일화도 있을까요?

우선 쿄가 제가 아끼는 카펫을 다 뜯어놨고요. (웃음) 처음에는 신기해서 뜯었던 것 같은데, 카펫을 뜯으면 제가 달려오니까 이제는 저를 부르는 용도로 뜯더라고요. 얼마 전에는 쿄와 병원을 다녀오면서 애견 간식 숍에 들렸는데, 병원을 다녀온 뒤라서 예민해져 있었는지 쿄가 간식 숍 문틈으로 탈출하는 사건이 있었어요. 쿄 입장에서는 오랜만에 외출을 한 거죠. 길거리 생활할 때 알던 친구들과 쿄의 새끼들과 인사하느라 바쁘더라고요. 집으로 다시 데려가기 위해서 주변 동네 주민분들이 다 같이 도와주셨어요. 장장 6시간 만에 구조해 집으로 데려올 수 있었죠.

**곧 계약기간이 만료되어 이사를 준비 중이라 들었어요.
계속 주거지를 옮겨야 하는 상황에서 불안함을 느끼지는
않나요?**

계속 이사를 하다 보니 빨리 정착하고 싶다는 생각이 들
때가 있긴 해요. 점점 늘어나는 짐을 볼 때라든지, 이삿짐을
싸고 옮겨야 할 때라든지. 하지만 지금 여건으로는
어려우니까 집에 대한 애정을 많이 심어놓아서 안정감을
얻으려 하는 것 같아요. 집에 이름을 붙이고, 좋아하는
것들로 공간을 꾸며놓으면 그만큼 애정이 가니까 불안함도
잠시 사라지는 것 같거든요. 이사할 집을 찾아볼 때는
걱정도 되고, 때론 이사하려 짐을 다 뺀 빈집을 볼 때 알 수
없는 감정들이 들기도 하지만, 막상 이사가 나쁘지만은
않기도 해요. 현재 집에서 살면서 보게 되는 단점을 보완할
수 있는지 다음 집을 보러 다닐 때 꼼꼼하게 체크하거든요.
머물던 집을 떠나는 건 아쉽지만, 더 좋은 집과 새로운
동네로 이사한다는 설렘이 더 커요.

**이번에 이사를 준비하면서도 새로운 집을 보러 다녔을
텐데, 얼마나 많은 곳을 둘러보셨나요?**

부동산은 6곳 정도 갔었고, 부동산마다 적게는 3곳에서
많게는 10곳까지 총 40곳 정도의 집을 봤던 것 같아요.
그동안은 전세로 살아서 집 구할 때 넉넉하게 3개월 잡고
보러 다녔거든요. 그런데 이번에는 월셋집을 생각하고
있어서 한 달에서 한 달 반 정도 기간을 두고 구하기
시작했어요. 스케줄 근무라 휴무일에 하루 꼬박 집 보러

돌아다니기도 하고, 조금이라도 일찍 퇴근하면 항상 집을 보러 다녔어요.

엄청나게 많은 집을 보셨네요. 집을 보러 다니며 터득한 혜원 님만의 집 고르는 팁이 있다면요?

수압이나 채광, 치안같이 사람들이 기본적으로 보는 것들은 일단 당연하게 보고 있고요. 최근에 이사 갈 집을 고르면서 느꼈는데, 앱으로 집을 알아보면 보여주는 곳만 보여주더라고요. 한정적인 부분이 있다고 생각했어요. 그래서 앱으로는 이사 갈 동네 시세만 알아보고, 동네의 가장 크고 목 좋아 보이는 부동산을 들러보는 것을 추천해요. 시세를 어느 정도 알고 있으면 대화하기도 편할 거예요. 그리고 오래된 빌라나 옛날 집이 평수가 넓고 내부 리모델링이 되어 깨끗하고 괜찮은 곳이 많거든요. 신축도 물론 좋지만, 좀 더 저렴하면서 넓은 공간을 생각한다면 구옥 빌라도 꽤 좋은 선택이 될 것 같아요.

부동산 업자들이 종종 '싸고 좋은 집은 없다'라 이야기하잖아요. 그 말에 공감하시나요?

보편적으로 이야기하는 '좋은 집'의 기준이라면 그럴 수도 있겠지만, 사람마다 좋아하는 집의 기준이 달라서 집에 대한 만족도도 다를 거라 생각하거든요. 집을 보는 시선도 다르고요. 집에 대한 '첫인상'을 중요하게 보는 편이라, 첫인상이 마음에 들면 오케이예요. 남들과는 조금 다른 기준으로 집을 구하다 보니, 제게는 싸고 좋은 집이 있을 것 같아요.

본인에게 좋은 집의 기준은 무엇인가요?

일단 해가 잘 드는 집. 처음 만월집을 볼 때 비가 와서 해가 드는 걸 못 보고 정했거든요. 북향집이어서 빛이 아파트에 반사되는 일정 시간에만 해가 들어온다는 걸 나중에 알게 되었죠. 영화 <버닝>에 나오는 여자 주인공의 집처럼요. 그 작은 빛이 너무 소중하더라고요. 다음 집을 고를 때는 집의 방향을 고려해 볼 것 같아요. 그리고 만월집은 산하고 가깝고 달맞이집은 시장이랑 가까워서 좋았거든요. 시장이나 산처럼 많은 것을 느낄 수 있는 장소가 집 근처에 있었으면 좋겠어요. 두 집 모두 오르막길에 있었다 보니 다음 집은 오르막이 없는 평지였으면 하는 생각도 있고요. 최근 생긴 기준은 '쿄와 함께 살 수 있는 집'이에요. 생각보다 고양이를 키우지 못하는 환경의 집이 많아요. 저한테는 이제 쿄가 0순위니까, 함께 살 수 있는 곳을 천천히 알아보고 있어요.

지금 당장은 어렵겠지만, 혜원 님이 언젠가 정착하고 싶은 곳은 어떤 모습일까요?

동네는 동네다웠으면 하는 마음이 있어요. 높은 건물이 많은 것보단, 서서 앞을 봤을 때 고개 안 들고도 하늘이 보이는 작은 동네였으면 해요. 공원이 있고 자전거를 탈 수

있는 환경이었으면 좋겠다는 바람도 있어요. 만월집에서도
인천대공원까지 종종 자전거를 타고 가곤 했거든요.
그리고 마당이 있는 주택이었으면 좋겠어요. 어릴 적
살았던 집이 대부분 주택이어서 그런지. 마당에다가 제가
좋아하는 라일락과 장미를 심어놓고 싶어요. 마지막으로
언제라도 바다에 금방 갈 수 있는, 바다와 가까운 동네라면
더없이 좋을 것 같아요. 원래 고향이 충청북도라서
성장하는 동안 주변에 바다가 없었거든요. 지금 인천이
제가 원하는 점을 모두 충족하고 있어서 당분간은 인천에서
계속 살려고요.

**마지막 질문이네요. 그렇다면 혜원 님에게 '집'은 어떤
의미인가요?**

집이 사람이라면 그 사람이 '저'였음 좋겠다는 생각을
해요. 혼자 살게 되면 하나부터 열까지 혼자서 해야 하니까,
집의 모든 걸 다 알아야 하잖아요. 그래서 내 자신을
소중하게 여기는 만큼 집도 소중하게 여겨야겠다는 생각을
많이 했거든요. 내가 하는 생각이나, 먹는 것 등 모든
생활에 대한 만족감이나 충만감이 오기 때문에, 나랑 잘
지내고 싶은 만큼 집하고도 잘 지내야 된다고 생각을 해요.
그런 마음을 오랫동안 간직하면서, 집에 대한 마음을
소중하게 여기며 살고 싶어요.

CHECKLIST
애정을 담아 집을 가꾸고 싶은 나에게

○ 내 집에 이름을 붙여준다면?

○ 내가 유독 아끼는 애착 물건이 있나요?

○ 집을 꾸미기 위해 최근에 구매한 물건이나 소품이 있나요?

○ '비움의 미학' 미니멀리스트 vs '채움의 행복' 맥시멀리스트

○ 어떤 색감과 콘셉트의 인테리어를 선호하나요? (화이트톤, 우드톤, 미드 센추리 모던 스타일 등)

○ 다음에 이사한다면 지금 집의 인테리어 톤을 유지하고 싶나요?

○ 휴일 루틴은 주로 집 밖에서 이뤄지나요, 집 안에서 이뤄지나요?

○ 집에 손님을 자주 초대하나요? 그렇다면 손님들을 위해 마련한 아이템이 있나요?

○ 집에서 가장 손이 많이 가는 곳은 어디인가요? 직접 유지 보수하는 것에 자신 있나요?

여행은
살아보는 거야!
좋아하는 여행지에
살고 싶어!

'여행은 살아보는 거야.' 에어비앤비의 홍보 문구이기도 했던 문장. 맘에 드는 여행지에 갈 때면 쉽게 '평생 여기 살고 싶다'는 말을 하곤 하지만, 우리에게 놓인 현실 앞에 그것을 실천으로 옮기는 이는 드물다. 그런데 여기, 여행 왔던 동인천 구도심의 매력에 매료되어 무작정 삶의 터전을 꾸린 20대 중반의 1인 가구 세대주가 있다. 자그마한 원룸이지만 창밖에는 비행기와 열차, 선박이 오가는 탁 트인 풍경이 한눈에 담기는 '육해공 뷰' 김서영의 아담하고 높은 집을 들여다보자.

"1년에 한 번씩은 여행 오다가, '여기 살아봐도 좋지 않을까?' 생각하게 됐죠."

📇 **거주 연도**	2023년도 ~ 현재	
📇 **거주 동네**	인천 송림동	
📇 **가구 형태**	1인(+1묘) 가구	
📇 **주거 형태**	원룸형 아파트	

본인 소개와 집 소개를 간단히 부탁드립니다.

저는 6개월째 인천에 살고 있는 김서영입니다. 제가 사는
집은 동인천 오래된 구도심에 새롭게 들어선 신축
아파트예요. 예전에 소나무 숲이었다는 송림동이라는
동네에 있고요. 재개발 전에는 달동네가 있던 곳인데
지금은 단지 안에서는 그 모습을 찾을 수 없어요. 아파트가
지어지기 전부터 이 자리에 있었다던 성당과 교회 정도가
예전 동네의 흔적이랄까요. 12개 동에 2,500세대 넘게
살고 있는 꽤나 큰 단지고, 대부분 임대 아파트 위주로
구성되어 있어요.

이 집에 살기 전에는 어떤 곳들에 살아오셨는지, 주거지의 변천사가 궁금합니다.

꽤 이사를 많이 다녔어요. 그러면서 다양한 주거 형태를
경험했죠. 어릴 땐 왜관이라는 대구 근처 작은 동네에
살았어요. 초등학생 때부터는 대구에 살았고요.
신도시까진 아니었지만 꽤 잘 구획된 깔끔한 동네
아파트에서 성장했죠. 그러다 고등학교 3년과 대학교 초반
2년을 모두 기숙사에서 보냈어요. 대학 생활의 남은 2년은
친구들과 원룸에서 자취도 하고, 휴학 시기엔 민달팽이
유니온에서 운영하는 서울의 셰어하우스에 산 적도
있어요. 취업하고는 직장이 있던 의정부의 오피스텔에 혼자
살게 되었고요. 그때가 제 인생에서 가장 작은 집에 살던
시기였죠. 힘들어하던 차에 가족들이 서울에 집을 구하게
되면서 다시 가족과 아파트 생활을 하다가 이 집을
만나면서 여기로 넘어오게 된 거예요.

**여기에 오기 전까지는 인천에 전혀 연고가 없었잖아요.
직장도 이쪽이 아니었고요. 그럼에도 이 동네로 독립을
결정하게 된 이유가 있나요?**

이 동네는 사실 여행으로 와봤다가 반하게 되었어요.
동인천은 학창 시절 인상 깊게 봤던 작품의 배경이 되었던
동네예요. 소설 『괭이부리말 아이들』, 『중국인 거리』도
그렇고, 영화 <고양이를 부탁해>도 좋아하거든요. 가만
생각해 보면 고등학생 때 모의고사를 풀다가 국어 비문학
지문에서 홍예문의 아치 구조가 소재로 등장한 적도
있었어요. 그렇게 이 동네에 대한 궁금함이 차곡차곡
쌓여가다 스물한 살 때 드디어 처음 여행을 왔는데요.
친구가 송도에서 학교를 다니고 있었어요. '학교에서
가까우니까 한 번 같이 가보자.' 했던 거죠. 물론 사는
사람의 입장이 되어서 보니 동인천과 송도는 전혀 가깝지
않지만요. (웃음)

그렇게 여행한 인천의 인상은 어땠나요?

처음 여행 온 날 『괭이부리말 아이들』의 배경이 되었던
곳부터 홍예문, 그리고 월미도의 노을과 야경까지를
만났는데요. 제겐 너무 좋은 기억으로 남았어요. 이후로
1년에 한 번씩은 인천으로 여행을 왔어요. 혼자 오거나
연인, 친구와 오기도 하고요. 정확히는 자유공원과 홍예문
일대, 월미도나 차이나타운 같은 곳이었어요. 여행 올 때마다
좋아하는 카페나 음식점도 늘어났어요. 그러던 사이
멀리서 이 아파트가 지어지고 있는 공사 현장을 우연히

154

보게 된 거예요. '여기 살아봐도 좋지 않을까?' 생각하게
됐죠.

**여행지가 좋아도 여행하기 좋은 곳과 살기 좋은 곳에는
분명한 차이가 있다고 생각해요. 거주지로 이곳을 선택하게
된 결정적 요인이 더 있나요?**

여행 올 때마다 이 동네에 살고 싶다는 생각은 늘 했어요.
특히 이 동네엔 매력적인 단독 주택이 많은데, 현실적으로
20대인 제가 살 수 있는 주거 형태는 단독 주택보단
오피스텔, 원룸 종류였어요. 직방 앱을 드나들면서 틈틈이
살 곳이 있나 살폈는데 조건에 맞는 집을 찾기 쉽지
않더라고요. 괜찮다 싶으면 이미 나갔거나 너무 비싸고,
금액에 맞추자니 조건이 너무 열악하고. 그러던 차에 이
아파트를 알게 되었어요. 보통 사회 초년생이 아파트는
엄두도 내기 힘든데, 여기는 작은 평수가 있어서 1인 가구인
저에게 오히려 합리적인 가격이었어요. 그래서 임차인
모집에 신청을 넣었는데 처음엔 떨어졌어요. 깔끔히
포기하려고 했는데 얼마 뒤 추가 접수 공고가 뜨더라고요.
추가 접수를 통해 다행히도 들어갈 수 있었죠. 제가 사는
원룸형은 정보도 거의 없었어요. 아는 건 오직 평수와
임대료, 그리고 위치. 그 상태로 집을 구했는데 지금 생각해
보면 운이 좋았죠.

추가 접수까지 했다는 것은 바꿔 말하면 인기가 적었다는 의미일지도 모르겠어요. 서영 님 기준에서 이 아파트의 메리트는 무엇이었나요?

우선은 동네에 느낀 매력이 컸어요. 여길 낙후된 동네로 생각하시는 분도 있지만 저는 무척 아름다운 동네라고 생각했고, 주민들도 착하고 순박한 분들이 참 많다고 생각했거든요. 물론 선입견일 수도 있지만 여기서 사람 때문에 힘든 적이 없었어요. 그리고 임대 아파트인 데다 작은 평수는 청년 특별공급까지 받으면 놀라울 정도로 합리적인 가격에 살 수가 있었거든요. 가격이 결정적인 이유가 될 순 없었지만, 선택을 부추기는 데에는 분명 큰 영향을 주었죠. 동네가 좋다는 낭만적인 계기가 시작이었지만 경제적으로도 손해되는 선택은 아니었다고 생각해요.

보통 원룸 하면 오피스텔이나 빌라가 먼저 떠오르는데 원룸 아파트는 다른 점이 많은가요?

실제로 이전에 원룸에서 자취했던 경험이 있어요. 오피스텔은 한 층에 더 많은 가구가 다닥다닥 붙어 있지만 교류는 전혀 없다 보니 삭막함이 더 느껴졌어요. 지금 사는 곳엔 한 층에 세 가구가 사는데 교류가 잦진 않지만, 어떤 이웃들이 사는지 인지할 수 있다는 점에서 괜스레 안정감이 들더라고요. 대단지다 보니 커뮤니티 시설도 많은데 자주 쓰진 않아도 거기서 오는 든든함도 있어요. 원룸에 살 때 답답했던 경험이 있어서 이번엔 평수를 넓혀볼까 고민도 했는데요. 아무래도 가격 차이가 꽤 나다 보니 아직은 때가 아니구나 싶었죠. 그래도 여긴 베란다도 있고 이전에 살던 집들보다는 공간을 구성하기 좋은 구조예요. 무엇보다 바깥 뷰가 좋아서 마음이 트이는 게 커요. 덕분에 작지만 결코 작은 집은 아닌 느낌이에요.

뷰가 정말 좋아요.

그렇죠? 이런 걸 '뻥 뷰'라고 부르잖아요. 저는 여길 육해공이 다 보이는 뷰라고 설명하는데요. 인천 앞바다의 배들부터 인천공항으로 향하는 비행기, 그리고 1호선 열차까지 한눈에 보여요. 자유공원부터 멀리 인천대교까지가 한눈에 들어와서 보고 있으면 가슴이 뚫리는 기분이에요. 실은 여기가 단지 전체에서 돈이 제일 안 되는 평수거든요. 오히려 다른 동 더 큰 평형에서는 맞은편 아파트가 보이거나 바다나 공원이 살짝만 보이는 경우도 많아요. 다른 단지는 이런 위치에 전망 프리미엄을 붙여 비싸게 팔기도 하는데 이유는 모르겠지만 저로서는 무척 행운인 거죠.

이 집에 이사 온 이유 중에는 분명 뷰도 한몫했겠어요.

의외로 계약 전에는 전혀 예상을 못 했어요. 신축에 처음 들어간 거다 보니 미리 확인할 수 있는 사진도 거의 없었고, 바다가 보일 수도 있겠다는 추측만 했지 이렇게나 트인 전망일 줄은 몰랐죠. 입주 청소를 하러 와서야 알았는데 창밖을 보고 너무 신기하고 반가웠어요. 사실 직전에 살던 집도 나름 한강변에 있었는데, 한강이 집에서가 아니라 아파트 복도에서 보였어요. 복도에서 보이는 한강 뷰는 거의 칠성급 호텔 수준이긴 했죠. 근데 복도는 집이 아니니까, 매일 지나도 머무르며 풍경을 즐기기보단 집에 빨리 들어가고 싶은 마음이 크더라고요. 문 닫고 집 안에 들어가면 한강이 가까운 집이란 게 크게 체감되진 않았죠. 물론 집에서 한강이 보이는 동이었다면 금액도 어마어마했겠죠? (웃음) 그땐 강에서 가까우니 벌레도 많고 단점이 많이 느껴졌는데, 지금 사는 곳은 바다가 잘 보이지만 막상 아주 가까이 있는 건 아니라 바닷바람이나 짠내 같은 건 느끼기 어려워서 장점만 더 보이는 걸지도 모르겠어요.

그야말로 행운이네요. 신축에 입주한다는 데서 오는 장단점도 분명 컸을 것 같아요.

신축이면서 동시에 임대 아파트이기 때문에 신경 써야 하는 부분은 있었어요. 첫 번째는 스스로가 낸 많은 스크래치와 흔적들을 책임져야 한다는 것. 그래서 처음에는 벽지에 붙은 '입주를 환영합니다' 스티커조차 떼지 않고 살았는데요. 중간에 고양이를 기르기 시작하면서부터는 아무 소용이 없더라고요. 하도 긁어놔서 벽지는 다 물어줘야 할 거예요. (웃음) 신축 임대 아파트는 원상복구가 정말 중요하더라고요. 퇴거할 때 그 부분을 꼼꼼하게 보다 보니 사는 동안에는 저렴하게 이용하다가도 정작 이사 갈 때 복구 비용으로 큰 비용을 뱉어내야 하는 경우도 많다는 후기를 보았어요. 오피스텔의 경우 에어컨과 같은 기본 가전이 옵션에 포함된 경우도 많지만 여긴 제가 다 구매하고 설치하다 보니 원상복구 비용이 생기지 않을까 걱정이에요.

이 단지에는 어떤 분들이 사시나요?

저도 실은 직접 알고 지내는 이웃은 많지 않아 입주자 카페 등을 보면서 추측하는 정도인데요. 대부분의 세대가 임대로 머물고 있는데 최대 8년까지 거주가 가능하거든요. 그래서 여기를 삶의 최종 종착지로 생각하는 분보다는 거쳐 가는 곳으로 여기는 젊은 부부가 꽤 많아요. 근방에서는 가장 최근에 지어진 곳이기 때문에, 이 일대에 생활권을 두고 계시면서 그래도 삶의 질을 중요하게 여기는 분들이 살고 계시지 않을까 하는 저만의 뇌피셜이 있어요.

주로 단지에 대한 정보는 입주자 카페에서 얻으시나요?

카페를 많이 보고요. 다만 카페에는 카더라 통신인 경우도 많아 공식적인 안내 사항은 엘리베이터에 붙은 안내문으로 확인하죠. 처음에는 단톡방도 들어갔다가 이미 계신 분들 사이에 친목도 형성되어 있는 분위기고 메시지가 너무 많이 와서 거기선 나왔어요. 대신 입주자 카페에서 알게 된 고양이 집사들만의 단톡방에 들어와 있는데요. 생각보다 큰 도움을 받았어요. 제가 집을 비운 사이 고양이가 휴지통

안에 든 날카로운 캔 뚜껑을 갖고 노는 걸 CCTV로 보게 된 거예요. 너무 위험해 보여서 패닉이 왔죠. 그때가 이른 새벽이라 주변에 도움을 요청할 지인이 없었어요. 혹시나 하는 마음으로 단톡에 연락을 남겼더니, 감사하게도 한 분이 바로 달려오셔서 정리해 주시고 밥도 주고 가주신 거예요. 엄청 든든했어요.

정말 다행이네요. 단지 내에 커뮤니티 시설도 있다고 하셨는데, 이용해 보신 적 있나요?

아직 써본 적은 없지만 독서실, 헬스장, 키즈카페 같은 게 있어요. 도서관도 곧 생긴다고 하더라고요. 제가 이용하진 않더라도 키즈카페가 있으니, 아이들이 뛰어노는 단지 안에 내가 있다는 사실이 묘한 안정감을 주는 것 같아요. 다른 아파트에서는 커뮤니티 시설에서 문화 강좌도 열린다고 하는데, 저희도 그런 게 열리면 꼭 이용해 보고 싶어요. 아, 그건 부러웠어요. 헬스장에서 GX 프로그램에 참여하는 분들끼리 크리스마스 파티를 하는 사진이 입주자 카페에 올라오더라고요. 옷도 크리스마스 풍으로 입고 20대부터 50대까지 다양한 연령대의 여성분들이 모여있는데 흥겨워 보이고 함께하고 싶은 생각이 들었어요.

서영 님이 실제로 단지 안, 그리고 동네에서 가장 자주 가는 장소는 어딘가요?

저희 동이 단지에서 가장 바깥쪽에 있다 보니 단지 안을 많이 돌아다니는 편은 아니에요. 그래도 좋아하는 곳을 꼽자면 단지 안에 물놀이터가 있거든요. 평소엔 평범한 놀이터인데 여름엔 캐리비안베이처럼 물이 나와요. 지나면서 항상 저도 들어가고 싶은데 아이들만 쓸 수 있게 되어 있어서. (웃음) 동네 전체로 범위를 넓히자면 월미도, 자유공원, 홍예문처럼 여행자일 때도 좋아하던 장소들을 여전히 좋아하고요. 율목도서관에서 책을 빌리러 다녀오는 골목길의 풍경도 좋아하게 되었어요. 워낙 가볼 곳이 많다 보니 아직까진 최애를 정해놓고 그곳만 가기보다는 매일 새로운 장소를 개척해 보는 재미를 누리고 있어요.

여행하러 왔던 동네에 실제로 살게 되었을 때의 기분은 어떠세요? 환상이 깨지거나 불편한 부분은 없었을지 궁금해요.

음, 오래된 동네라 느낄 수 있는 불편함은 분명 존재하는데요. 저에게 해당되는 부분이 많지는 않아요. 도보 거리에 큰 마트가 없지만, 원체 집에서 뭘 해 먹는 성향이 아니거든요. 마켓컬리나 쿠팡도 잘 오고요. 집 가까이에는 시장이나 괜찮은 반찬 가게들도 있고, 차 타고 조금만 가면 이마트도 있어요. 구도심이다 보니 차로 오기 좀 복잡하지만 저는 차가 없어 괜찮고, 스타벅스가 동네에 없긴 한데 그걸 보완하고도 남을 만큼 재밌는 로컬 카페가 많아 전혀 불편을 못 느꼈죠. 그리고 유흥주점이라거나 지하철역 부근 홈리스분들처럼, 신도시에선 보기 어려운 날것의 풍경들도 볼 수 있는데요. 이런 부분은 차이라고 생각하지 단점이라고 여기진 않아요. 그보다 동네 곳곳에서 역사적인 맥락을 강하게 느낄 수 있다는 장점이 제겐 더 크게 느껴져요. 먼 거리의 여행에서나 누릴 수 있는 충만함을 도처에서 받을 수 있으니까요.

애정이 대단하게 느껴지네요. 그렇다면 서영 님과 다른 생활 반경을 가진 분들이 느낄 수 있는 또 다른 불편은 없을까요?

아이를 키울 때 불편함을 느끼는 분들이 계시다고는 들었어요. 가까운 곳에 학교가 많긴 한데 학원가가 잘 형성되진 않았거든요. 아직 제가 경험한 영역은 아니기 때문에 섣불리 판단할 수는 없는 부분 같아요. 다만 저는 대안 교육에도 관심이 많다 보니 동네에서 활발히 운영 중인 '기찻길 옆 작은 학교' 같은 마을 공동체에도 흥미가 갔어요. 물론 나중에 실제 육아를 하게 되었을 때 아이를 그곳에 보낼 수 있을까에 대한 건 또 다른 문제겠지만, 이사를 오면서 '이 동네와 어떤 교류가 생기면 좋겠다.' 하고 기대했던 게 사실이에요.

동네에 자리 잡으면서 카페 눈팅 외의 실질적인 이웃과의 교류는 생겼나요?

이 얘기 저 얘기 하긴 했어도 막상 아파트에 친한 이웃은 한 명도 없긴 해요. 좋은 이웃 공동체와 관계 맺으며 살고 싶다는 욕구는 분명 있지만, 아파트 커뮤니티는 성향 모를 불특정 다수에게 저를 노출한다는 게 부담스럽긴 하더라고요. 단톡방에 들어가려면 신원 확인을 위해 사는 동을 밝혀야 하는 것조차 조심스러웠죠. 앞서 얘기한 헬스장 커뮤니티나 동네 서점에서의 독서 모임처럼, 비슷한 취향을 가진 분들과 적당한 선을 유지하며 교류하고 싶은 기대가 있었어요. 그래서 용기 내어 참여한 프로그램이 <스펙타클 유니버시티*>였어요. 인천에 이사 오기 전부터 존재를 알고 있었는데, 프로그램을 하면서 처음 만난 이들과 제가 사는 동네를 함께 돌아다니니 즐겁더라고요. 직장 생활을 바삐 하다 보면 어느샌가 좋아하는 동네에 산다는 걸 잊게 될 때도 많은데, 함께 동네를 걷다 보면 '내 안목이 틀리지 않았구나. 이렇게 매력적인 동네였지.' 하고 생각할 수 있었어요. 그 안에서 취향이 비슷한 친구를 만들기도 했고요.

---

* 인천 스펙타클에서 진행하는 로컬 커뮤니티 프로그램

저희가 진행하는 프로그램 얘기를 길게 하니 쑥스럽네요. 말씀처럼 여행지가 일상 공간이 되면 특별함이 무뎌지는 날도 생길 것 같아요. 평소 생활 루틴은 어떤가요?

맞아요. 지친 몸을 이끌고 퇴근하다 보면 얼른 집에 들어가기 바쁜 날도 무척 많죠. 저는 직장이 부천에 있어 1호선을 타고 출퇴근하는데요. 출근길에는 의식적으로 동네의 즐거움을 누리려 하는 편이에요. 일부러 대로변 대신 시장 골목을 가로지르며 '오늘은 한복집 마네킹이 어떤 옷으로 갈아입었나' 살피기도 하고요. 여유로운 날에는 프랜차이즈 카페 대신 시장 초입 오래되고 정겨운 카페에 들러 커피를 마시거나 역사 내부 스마트 도서관에서 책을 빌리기도 하죠. 퇴근 후에는 고양이와 집에 누워 있는 날이 많긴 하지만 체력이 남을 땐 동네 산책을 즐겨요.

좋아하는 동네에 살기로 결심할 때 현실적으로 중요한 요인 중 하나가 직장과의 거리라고 생각해요. 직장은 이사와 함께 부천으로 옮기신 건가요?

실은 제가 교사로 일하고 있는데요. 이사 오기 전까지는 의정부에 있는 학교에서 일했어요. 다행히 경기도 내 다른 지역으로 전근이 가능한 여건이어서 인천에서 가장 가까운 부천에 직장을 구할 수 있었죠. 이사 전에는 가족과 서울에 살았기 때문에 의정부까지 편도 1시간 반의 통근 시간이 걸렸는데, 지금은 3분의 1 가까이 줄어서 무척 만족스러워요. 출퇴근길에 1호선 열차가 지상 구간으로 다니는데, 창밖으로 계절이 바뀌는 풍경을 볼 수 있어 덜

지루하게 느껴지더라고요. 열차의 시작점 가까이에 살다 보니 출근길에는 언제나 앉아서 간다는 것도 장점이에요.

이후에는 근무지까지 인천으로 옮기는 것도 생각하고 계신가요?

경기도에서 인천으로 근무지를 옮기는 일이 쉽진 않지만, 옮길 수 있다면 옮기고 싶어요. 완전히 집 앞이 직장이라기보단 도보로 갈 수 있는 적당한 옆 동네 정도의 거리감이면 가장 좋지 않을까요. 아니면 조금 엉뚱하지만 영종도에 직장을 얻어서 배로 출퇴근하는 상상도 해봤어요. 월미도에서 구읍뱃터까지 배를 타면 10분 정도 걸리더라고요. (웃음) 직업이 교사인데 정작 이 동네 아이들과는 아무 접점이 없다는 게 때론 이상하게 느껴지기도 해요. 초등학교 교과 과정 중 '지역화 교과서'라는 게 있는데, 동네에서 그런 수업을 한다면 저 스스로 벅차오를 것 같아요. "너희 그거 알아?" 하면서 이 동네가 얼마나 멋진 이야기를 품었는지 알려주고 싶을 거예요.

주변에서 직장을 옮기면서까지 인천으로 이사한다는 걸 자연스럽게 받아들이진 않았을 거란 생각도 들어요. 가족들의 반응은 어땠나요?

가족들에게 미리부터 동네 자랑을 많이 해두었어요. 그리고 올 때마다 제가 좋아하는 이곳저곳을 바삐 소개해

드리고 있죠. 엄마는 제가 느끼는 동네의 정다움에
공감하는 편이셨어요. 스펙타클타운에서 열린 명상
프로그램도 함께 참여하셨는데 되게 좋아해 주셨거든요.
다만 모든 가족이 호의적이었던 건 아니에요. 할머니와
고모는 치안 걱정을 많이 하셨어요. 동네에 대한
이야기보단 신축에 삐까뻔쩍한 아파트라는 점을 열심히
어필했죠. (웃음) 부동산에 관심이 많으셨던 아빠께는
임대료 조건에 대한 현실적인 부분을 강조했고요.
가족들은 지금은 서울에서 원래 살던 대구로 다시 내려가
살고 계신데요. 먼 거리에 계셔 자주 보기 어려워도 너무
걱정하시지 않도록 좋은 이야기를 많이 들려드리려
노력하고 있어요.

**이 집에 살면서 가장 크게 변화한 삶의 패턴이 있다면
무엇인가요?**

집에서 보내는 시간의 만족도가 무척 높아졌어요. 뷰가
워낙 좋다 보니 웬만한 카페보단 집에서 창밖을 보면서
차를 마시는 게 만족감이나 일을 할 때의 능률도 더
높더라고요. 베란다에 앉아 비행기가 날아가는 창밖
풍경을 구경하기도 하고, 책을 읽기도 하죠. 뷰라는 게
공간을 얼마나 확장시킬 수 있는지 이번 집에 살면서 많이
느꼈어요. 막혀있거나 자연이 보이지 않는 곳에선 공간이
내부 단면에 한정된 느낌이라면, 창밖 너머로 보이는
풍경이 어떤가에 따라 공간의 개방감이 달라지더라고요.
바다와 하늘을 늘 보고 사니 직접 가지 않더라도 여기

166

있으면 어디든 갈 수 있을 것 같다는 생각이 들어요. 거기서
오는 해방감이 있어요.

**이곳이 거주 기간이 정해진 임대 아파트여서 언젠가 이사를
생각하셔야 할 텐데요. 이사를 간다면 원하시는 조건은 어떤
게 있을까요?**

앞으로도 이어졌으면 하는 조건은 좋은 경관이고요. 더
많은 좋은 이웃이 있고, 고양이와 함께 살만한 더 넉넉한
크기의 집이었으면 해요. 로망을 말하자면 바다가 보이는
강화도 시골 주택에서 고양이, 그리고 좋은 사람과 함께
사는 거예요. 내륙 도시 출신이라 어릴 때부터 바다에 대한
로망이 있었는데, 실제로 가까이 살아 보니 앞으로도
바다가 보이는 곳에 쭉 살고 싶어요. 그리고 지금 집은 원상
복구에 대한 제약이 있지만 조금 더 자유도가 높은 집에서
자아실현을 해보고 싶은 욕심이 들고요. 언젠간 분명 그런
기회가 올 거라고 기대하고 있어요.

**마지막 질문입니다. 서영 님에게 '집'이란 어떤
의미인가요?**

집이란 '즐거운 생활을 위한 베이스캠프'라고 생각해요.
아무리 집 밖에서 즐거운 생활을 보내더라도 결국 와서
쉼을 얻고 재충전해야 할 공간이 필요하잖아요. 그래서
쉬기에 충분한 아늑함을 갖추면서, 동시에 각자의 취향에
맞는 즐거운 일을 도모하기 좋은 입지에 있어야 하기에
베이스캠프라는 표현이 떠올랐어요.

167

CHECKLIST

마음에 드는 동네를 찾고 싶은 나에게

○ 지금까지 가본 여행지 중 한곳에 정착해 살아야
　 한다면 어디에 살고 싶나요?

○ 살고 싶은 동네를 정하는 데 영향을 주는 중요
　 기준은 무엇인가요?

○ 높은 건물이 빽빽한 세련된 신도시 vs 낮은 건물이
　 많은 구도심

○ 집과 가까운 곳에 있었으면 하는 자연환경이
　 있나요?

○ 지금의 집에서는 어떤 뷰가 보이나요? 이사를
　 간다면 어떤 뷰를 갖고 싶나요?

○ 직장과 집의 거리는 나에게 얼마나 중요한가요?

○ '허허벌판이어도 이거 하나는 집 앞에 꼭 있으면
　 좋겠다' 싶은 시설이나 인프라가 있나요?

○ 참여할 기회를 노리고 있는 커뮤니티가 집 근처에
　 있나요? 혹은 어떤 커뮤니티가 있으면 좋을 것
　 같나요?

PART 2.
나 같은 집을 찾는 사람들

아파트에 살았었지
우리 집은 702호*

직업은 편집자고요. 글과 어울리는 사진을 찾는 게 일상다반사입니다. 어느 날 20세기 한국 도시 이야기를 꺼내야 해서 사진을 모았어요. 모처럼 가족사진이 담긴 앨범 책자를 열어봅니다. 여기엔 도시를 배경으로 한 컬러 필름 사진이 많이 담겨있거든요. '석바위', '간석동', '구월동'... 어렸을 때부터 살았고 지금까지 쭉 살고 있는 우리 동네. 화질이 깨끗한 사진만 따로 추려냈죠.

촬영 시점은 1990년대. 당시 동네에서 가장 높은 언덕에서 동네 전체를 구석구석 담아낸 조감 사진을 꺼내 오래 살피게 됐습니다. 토박이 눈에만 보이는 게 있었어요. '내가 태어났던 산부인과는 건설 현장 인부들이 끼니를 때우는 함바집으로 변신했군.' '대중목욕탕으로 쓰던 건물은 싹 다 허물었네! 1층은 비우고 기둥 사이에 주차장을 만들어 필로티 구조 빌라를 지었네!'라는 생각을 하면서요.

가장 눈에 띄는 건 제 기억 속 첫 번째 집이었습니다. 한국의 1980년대식 아파트인데, 제가 기억하는 모습을 고스란히 보여주고 있었어요. 건물 외벽에는 '스타클래스' 같은 요즘 식 아파트 브랜드 이름이 아니라 '극동'이라는 큼지막한 한글 이름이 적혀 있었죠.

---

* 제목은 이랑 1집 수록곡 '럭키아파트' 가사에서 인용했다.

176

아파트에 살았습니다. 우리 집은 702호. 높이는 13층이고 거실이 작은 대신, 방을 넓게 뺀 28평형 구조. 옛날 아파트답게 화장실은 하나밖에 없었어요. 출근 시간에 식구끼리 동선을 맞추지 않으면 곤란한 집이지만, 여기서 유년 시절을 보낸 건 행운이라고 생각합니다. 여기서 이웃을 사귀고 사람을 사랑하는 법을 배웠습니다.

178

극동아파트 2동엔 어린이가 본받을 만한 어른이 많았어요. 어린이의 세계는 좁고 작습니다. 집과 학교에서 벌어진 일이 세상의 전부일 텐데요. 아이들은 집터를 누비며 사람을 만나고, 이웃을 흉내 내며 자랍니다. 이웃과 친하게 지내고 사람을 사귀는 법은 학교에서 따로 가르쳐주는 게 아니라서, 동네 형이나 옆집 누나가 하는 짓을 따라 하며 배웠습니다.

그래서 저는 뜬금없이 '701호 형아'가 생각납니다. 앞집 살던 701호 윤기 형은 제게 두근거리는 마음을 가르쳐준 사람이거든요. 새 학년 새 학기를 맞아 필통에 있던 낡은 연필을 비우고 새 연필, 새 지우개로 가득 채웠던 어느 봄날. 책가방을 멘 702호 어린이는 "학교 다녀오겠습니다!"라 외치며 엘리베이터에 탑니다. 문이 좁아지는 엘리베이터 안으로 손바닥이 비집고 들어오네요.

고등학생이 된 701호 형아였습니다. 그가 빳빳하게 각이 접힌 새 교복을 입은 반면, 저는 흙투성이 하늘색 체육복을 셋업 수트처럼 입고 있었죠. 당시 봉고차를 몰고 다니던 태권도장 관장님은 이웃에게 말을 먼저 붙이는 건 어린이의 몫이라고 가르쳐주셨습니다. 702호 어린이는 관장님을 잘 따랐는데, 배운 대로 옆집 형아를 물끄러미 바라보다 엘리베이터에서 입을 열었습니다.

"형아는 이제 고등학생인 거지?? 공부 되게 많이 하겠다!!"

"ㅋㅋㅋ 나도 몰라? 근데 형은 우리 반 애들이 누구일지 기대되는걸?"

"형은 개학이 좋아?? 나는 방학이 더 길었으면 좋겠어... 더 놀고 싶었는데..."

"노는 것도 좋지만, 나중에 네가 좀 더 크면 개학이 좋을 때도 있다는 걸 알게 될 거야. 형 먼저 간다~"

179

702호 어린이의 까까머리를 가볍게 쓰다듬은 '701호 형아'는 현관문을 넘자마자 아침 여덟 시의 쏟아지는 햇살을 가로지르며 아파트 주차장 모퉁이를 돌아나갔습니다. 아버지가 택시 기사를 하셨고, 이목구비가 뚜렷하고 훤칠했던 윤기 형은 어떤 모습으로 지내고 있을지. 문득 궁금해졌습니다. 아파트를 떠난 지도 벌써 10년. 그럼에도 십수 년 전 벌어진 일이 방금 먹은 식사 메뉴처럼 생생합니다. 혹시 여러분도 그러신가요?

사적인 기억을 꺼내긴 했지만, 경험 자체는 살다 보면 누구나 겪는 일이라고 생각합니다. 사람은 집 근처에서 벌어진 일을 제법 잘 기억하니까요. 우리는 이웃과 마주하다 뜻밖의 모습을 발견합니다. 그 발견은 마음에 진득하게 남는데요. 이것은 먼 훗날 개인의 습관을 바꿀 정도로 힘이 세지 않나 싶어요.

'집터에서 벌어진 일이 모여 오늘의 나를 만든다.' 이게 도시 사진을 수집하며 얻게 된 교훈입니다. 어느새 시간이 훌쩍 흘러서 30대 직장인이 됐습니다. 저도 이제 슬슬 엄마와 아빠가 고민했던 것처럼 가족의 집터를 고민하게 되는데요. 아파트는커녕 쓸만한 전세방 하나 얻기 힘든 시대이기 때문에 집터에 대해서 좀 더 정교한 고민을 이어갈 것 같습니다. 2020년대를 살아가는 청년에게 필요한 집터는 무엇일까요?

(김정년)   (피처 에디터)   (브랜드 에디터(였던 사람))
(지혜로운 사람을 만나 나란히 산책하는 일을 좋아한다.)

아파트 사는 주택 덕후의
드림 하우스 몽상

나는 용현동 빌라에서 태어나 학익동의 아파트에서 자랐다. 아파트 단지 놀이터와, 단지 건너 친구들이 살던 골목에서 놀던 기억이 또렷한 나는 소위 '아파트 키드'라 할 수 있겠다. 대학에 들어가 빌라와 연립에서의 자취를 여러 번 경험했지만, 주거 불안감을 느껴본 적은 없었다. '부모님이 살고 계신 아파트로 언제든 돌아가면 되지' 생각했기 때문이다.

그러던 어느 날 친구가 내게 물었다. *"너는 독립하면 어느 동네에 살고 싶어?"* 서른을 맞이하며 슬슬 독립을 생각하게 되던 때였다. 별생각 없이 *"당연히 학익동이지?"*라 답했고, 친구는 *"왜 학익동인데?"*라며 반문했다. 살면서 한 번도 생각해 본 적 없던 질문이라, 친구의 반문에 머리를 한 대 맞은 듯이 띵-했다.

"그러게... 내가 왜 학익동이라 했을까? 고향이라서?"

작년에 친구가 스쳐 지나가듯 던진 물음에서 시작된 집에 대한 생각은, 아홉수였던 지난 1년 내내 꼬리표처럼 따라다녔다. 단순히 학익동이 고향이라는 이유 말고 좀 더 그럴싸한 멋있는 이유를 만들고 싶었다. 그렇게 여러 동네를 걷고 다양한 형태의 집들을 보며 막연하지만 나만의 '집'에 대한 기준을 세워보았고, 내가 살 동네와 드림 하우스를 꿈꿔보게 됐다. 현재 나의 예산으로는 투룸 형태의 월셋집이 적당하겠지만, 언제나 꿈은 원대하게 가질 것! 작년 한 해 동안 산책하며 만났던 여러 동네 풍경과 집의 요소 중에 내가 재미를 느끼고, 드림 하우스에 넣고 싶은 것을 하나씩 글로 정리해 봤다.

1. K-대문을 지키는 사자

1970~80년대 지어진 주택이 즐비한 골목을 거닐다 보면 개성 있는 대문과 문고리가 눈에 띈다. 문고리에는 집안의 안녕을 상징하는 '복 복(福)', '목숨 수(壽)' 등이 적혀있는데, 제일 눈에 띈 것은 사자 형상의 문고리다. 으레 한국을 떠올리면 당연지사 '호랑이'가 떠오르는데, 왜 호랑이가 아닌 사자일까? 문고리 사자는 그 무엇보다 이국적인 요소인데 그 시절 K-대문에서 빠지지 않는 한국적 요소였다. 그 이유와 유래는 정확히 알려진 바가 없지만, 내가 살아갈 집의 대문을 용맹한 사자가 지켜줬으면 좋겠다. 왠지 집에 들어서는 순간부터 든든한 느낌이 들 것 같다.

2. 다양한 무늬로 개성을 나타낼 수 있는 '교창'

교창은 부엌의 벽이나 방의 벽 높은 곳에 가로로 길게 설치하는 창문을 말한다. 과거에는 다락이 있는 공간의 환기를 위한 창으로도 많이 설치되었는데, 오래된 동네를 거닐다 보면 대문이나 현관문 위 교창을 만날 수 있다. 나무로 만든 얇은 창살의 서로 다른 무늬는 집주인의 개성을 나타내 주는 것 같다. 나는 개항로에 있는 갤러리 '부연'을 참 좋아한다. 부연은 도시형 한옥을 리모델링했는데, 갤러리의 로고도 한옥 창살에서 착안했다. 나중에 살게 될 드림 하우스에 나만의 무늬로 교창을 직접 만들어보고 싶다. 그리고 교창의 무늬로 우리 집 로고를 만들어본다면 더욱 특별할 것 같다.

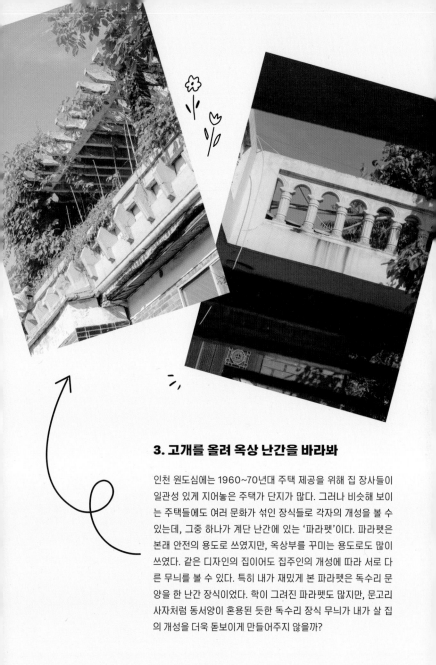

3. 고개를 올려 옥상 난간을 바라봐

인천 원도심에는 1960~70년대 주택 제공을 위해 집 장사들이
일관성 있게 지어놓은 주택가 단지가 많다. 그러나 비슷해 보이
는 주택들에도 여러 문화가 섞인 장식들로 각자의 개성을 볼 수
있는데, 그중 하나가 계단 난간에 있는 '파라펫'이다. 파라펫은
본래 안전의 용도로 쓰였지만, 옥상부를 꾸미는 용도로도 많이
쓰였다. 같은 디자인의 집이어도 집주인의 개성에 따라 서로 다
른 무늬를 볼 수 있다. 특히 내가 재밌게 본 파라펫은 독수리 문
양을 한 난간 장식이었다. 학이 그려진 파라펫도 많지만, 문고리
사자처럼 동서양이 혼용된 듯한 독수리 장식 무늬가 내가 살 집
의 개성을 더욱 돋보이게 만들어주지 않을까?

185

4. 이름 모를 건축가의 흔적

산책 중 만나는 주택의 디테일을 뜯어보는 걸 좋아한다. 최근 동네를 산책하다 발견한 한 상가주택의 외벽 미장에는 '믿음'이라 타일로 적혀있었다. 몇십 년을 계속 다녔던 길인데도 이제야 발견했다는 게 새삼 놀라웠다. 어떤 이유로 '믿음'이라는 글자를 새겨두었는지 정답을 아는 이는 없다. 그저 익명의 건축가가 남겨놓은 흔적이라고 여길 뿐. 시멘트 일부를 뭉쳐서 만든 장미나 꽃 모양, 혹은 행운을 가져다줄 것 같은 네잎클로버를 산책 중에 만나면 일상에 소소한 재미가 된다. 드림 하우스의 담이나 대문 벽면 쪽에 나만의 미장을 새겨보고 싶다. 이왕이면 좋아하는 세 잎클로버로! 발견하는 모든 이에게 행복이 깃들 수 있게!

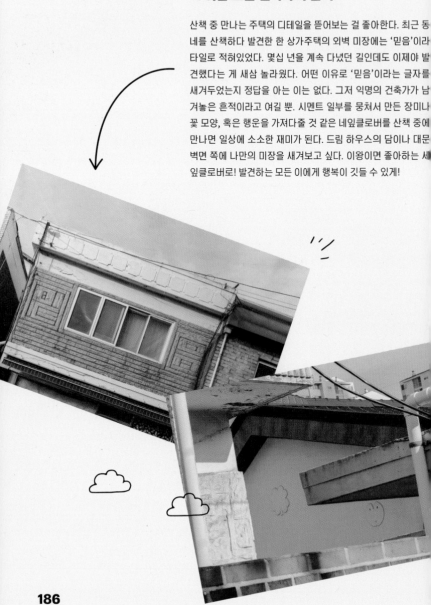

186

5. 산타할아버지가 올지도 몰라!

작년에 동네를 걷다가 어떤 집의 굴뚝 모양이 특이해서 사진을 찍어두었는데, 알고 보니 전라남도에서 유행한 굴뚝 양식이었다. 우리는 흔히 적색 벽돌로 만들어진 직육면체 모양의 굴뚝을 생각하지만, 전남에서는 사진과 같이 독특한 형태의 굴뚝이 흔하다고 한다. 굴뚝을 통해 바라보는 동네도 꽤 재밌는데, 이제는 연탄 땔 일이 없다 보니 굴뚝이 사라지는 추세라 아쉽다. 나의 드림 하우스에는 산타할아버지가 들어올 수 있는 작은 굴뚝이 있었으면 좋겠다. 사용하지 않더라도, 크리스마스가 되면 양말을 걸어두고픈 로망이랄까?

6. 멋스러운 개성이 돋보이는 간판이 있는 동네

사실 나는 간판 덕후기도 하다. 보통 아주 오래된, 그래서 개성이
돋보이는 폰트와 디자인을 좋아한다. 우리 동네에서 가장 좋아하
는 간판은 '학동의원'이다. 학익시장 상가 건물의 삼겹살집 간판
위에 붙어있는 학동의원은 파란색 바탕에 누군가 직접 붓으로 쓴
듯한 글씨가 매력적이다. 건너 골목에 있던 옛 '롯데'의 해님 로고
가 반겨주는 '대성수퍼' 간판도 좋아했는데 최근 재개발로 사라졌
다. 내가 좋아하는 풍경들이 빠르게 사라지는 것이 아쉽기만 한 요
즘이다. 70년대 점포주택을 구매해 오래된 구멍가게 간판을 그대
로 걸어두고, 가게 자리에 나만의 작업실을 꾸려보고 싶은 생각도
있다.

7. 아이들이 뛰어놀 수 있는 놀이터가 있는 공원

지금까지 내가 이야기한 드림 하우스는 대부분 원도심 저층 주거지에서 볼 수 있는 모습들이다. 그런데 이런 오래된 동네에는 녹지 공원과 아이들이 뛰어놀 수 있는 놀이터가 충분치 않아 아쉽다. 내 기억 속 첫 집이었던 붉은 벽돌 빌라가 위치해 있던 용현 4동에도, 초등학교는 있지만 아이들이 놀 수 있는 놀이터나 공원은 시장 앞에 딱 하나뿐이었다. 아이들이 안전하게 놀 수 있는 공원은 대부분 규모가 있고 마을 사랑방 역할을 한다. 도심 속 녹지의 기능을 충실히 한다는 장점도 있다. 가끔은 집에서 나와 공원을 하염없이 걷고 싶을 때가 있지 않은가? 햇살이 따사로운 낮 시간 공원에서 노는 아이들과 옆에 장기를 두는 어르신들의 모습은 영원히 사라지지 말았으면 하는 풍경이다.

이 외에도 더 다양한 희망 사항들이 있지만, 나열한 것만 봐도 내가 원도심을 산책하며 꿈꿔온 드림 하우스의 형태는 '주택'에 가깝다. 실제로도 주택 살이에 대한 로망이 있지만, 이미 아파트에 길든 내게 주택에서의 성실한 생활이 가능할지 장담할 수는 없다.

우리 할아버지 댁은 원도심에 50년 된 1층 단독주택이다. 햇빛이 드는 시간에 거실에서 큰 창문을 통해 마당을 바라보면 마치 시골로 여행을 온 듯 마음속까지 여유로워진다. 하지만 최근 할아버지 댁에 머물며 할아버지의 일과를 보니 주택에서의 생활은 부지런해야 돌아간다는 것을 깨닫게 되었다. 혹여라도 비가 오면 옥상위 빨래를 걷어야 하고, 쓰레기 분리 배출하는 날짜가 정해져 있어 놓치지 않고 쓰레기를 배출 장소에 내놓아야 하며, 주차 문제로 항상 골머리를 앓아야 한다. 마당을 가꾼다면 잡초나 해충과도 싸워야 하며, 집이 고장 나면 보수도 스스로 해야 한다.

편리한 아파트에서의 생활이 익숙한 내게 어찌 보면 주택 라이프는 하늘의 별 따기일 수도 있다. 그래도 꿈을 가지면 조금씩 실현해 나갈 수 있으니까. 그래서 나는 오늘도 친숙하고도 낯선 동네를 걸으며, 여러 형태의 집들을 만난다.

곽은비　로컬 아키비스트　일상을 여행처럼 즐기려 노력하며, 도시를 탐험하고 독특한 풍경 수집하는 것을 즐긴다.

투자와 무관한 구축 대단지 귀여운 디테일 모음집

대한민국에서 가장 흔한 주거 형태는 아파트입니다. 80년대생 이후로는 일생을 아파트에서 살아온 이들도 무척이나 많지요. 단독주택의 로망을 이야기할 때 사람들은 낭만 가득한 상상을 하곤 하지만, 아파트에 대한 로망을 이야기할 땐 '부동산 대박'이 먼저 아른거리는 건 참 아쉬운 일입니다.

최근에 생애 가장 오래된 아파트로 이사를 했습니다. 신생아 때 살던 집을 제외하면 본인보다 나이 많은 집엔 처음 살게 된 셈이죠. 불혹을 코 앞에 둔 아파트의 매물을 찾아 단지 상가 부동산을 찾았을 때의 기억은 무척 인상적입니다. 사장님은 단지 안을 돌며 마주친 많은 이웃과 반갑게 인사를 나눴어요. 마치 저희를 이곳에 끌어들이기 위한 <트루먼 쇼> 같기도 하고, '여기에 오면 너도 이 이웃 커뮤니티의 일원이 될 수 있어'라는 희망을 심어주는 것 같기도 했죠.

기대와 달리 아직 이 오래된 커뮤니티에 온전히 녹아들진 못했습니다. '과일 공구'가 열리곤 한다는 신축 아파트 단톡에 대한 귀여운 풍문과 달리, 이곳 입주자 단톡방의 핵심 주제는 '재건축'이었습니다. 날이 선 주민들에겐 늘 이곳이 언제 재건축될지가 초미의 관심사였어요. 낡고 오래된 단지에는 '안전진단'을 받게 된 걸 축하한다는 현수막이 나부끼곤 합니다. 집이 무너져가는 걸 축하하는 게 얼마나 이상하고 아이러니한 문화일까요.

재건축의 효용을 무시할 생각은 없습니다. 살고 있는 단지의 개발 계획에 일말의 기대도 없다면 거짓이겠지요. 다만 이 글에서는 오랜 대단지 아파트에 살게 되며 만난 재미난 디테일에 대해서만 이야기할 거예요. 인천의 오래된 아파트 단지 5곳의 사진이 섞여 있습니다. 후술할 작은 디테일에 반해 이 집을 매매하신다고 해도 아무런 경제적 책임을 지지 않습니다.

사진 : 부평동아아파트, 만수주공아파트, 가좌동 진주아파트, 학익동 신동아아파트, 송현동 솔빛주공아파트

초창기의 아파트일수록 표준화된 규격이 통일되지 않아 좋게 보면 개성, 나쁘게 보면 비효율이 극한으로 발휘됩니다. 무려 11단지에 걸쳐 1만 세대 이상이 거주하는 만수주공아파트에는 판상형 아파트 사이 유독 유럽 교외 도시의 저택을 연상케 하는 3단지가 있습니다. 심지어 같은 3단지 안에서도 동마다 모양이 조금씩 제각각이죠. 정원이 아름다운 단지라 노후를 보내기 좋겠다고 생각했는데, 아쉽게도 재건축을 준비 중이라 저의 노후까지 이 집이 기다려주진 않을 것 같아요.

오래된 아파트 단지에는 건물의 역사만큼이나 뿌리 깊은 나무들이 많습니다. 건물 6~7층 높이는 족히 되는 커다란 나무들은 단지의 초창기부터 이곳을 지켜왔겠지요. 단지 안을 거닐 때면 숲을 산책하는 기분이 들어요. 구축 대단지는 동네 제일의 벚꽃 명소인 경우가 많습니다. 주민들은 벚꽃 보러 멀리 갈 필요가 없다며 묘한 자부심을 내비치곤 하죠. 재건축을 앞둔 단지에서 무엇보다 아까운 존재라면 이 나무들일 겁니다. 수령이 긴 나무도 옮겨 심을 장소가 마땅치 않아 재건축과 함께 뽑혀 나가는 경우가 많다고 해요.

오래된 단지에서 지금은 찾아볼 수 없는 사인물에 묘한 감동을 받곤 해요.
손 글씨로 쓴 안내 표지판, 상가 앞 커다란 '쇼핑쎈타' 안내석, 친절하게 일
러스트까지 함께 삽입된 LNG 사용 안전 수칙까지. LNG 가스가 국내에 처
음 도입되던 시절 만들었다는 안내판을 여전히 철거하지 않은 것은 무심함
일까요, 다정함일까요. 긴 브랜드 네임 없이 벽면에 담백하게 적힌 아파트
명패를 닮은 듯도 하고요. 알록달록 단지 곳곳에 숨은 급수탑 또한 원래의
기능을 떠나 스케일에 압도되는 멋진 랜드마크입니다.

어딘가 '맑눈광' 같은 놀이기구 캐릭터의 표정은 80, 90년대를 '강한 자만 살아남는 야생의 시대'로 부르곤 하는 밈과 무척 잘 어울린달까요. 우레탄 바닥 위 플라스틱으로 만들어진 놀이기구, 여름이면 워터파크로 변신하기까지 한다는 요즘의 놀이터보다 이게 반드시 낫다곤 못 하겠습니다. 옷에는 흙먼지가 잔뜩 묻고 손에는 쇳내가 진동할지라도 그때의 놀이터가 그리운 건, 모르는 동네 아이들과도 금세 뒤엉켜 친구가 되던 그 시절에 대한 향수 때문이겠지요.

성냥갑, 또는 닭장이라고 혹평 받기도 하는 한국의 아파트. 비슷해 보이는 단지들 사이에도 한 칸 한 칸에는 수많은 이들의 삶이 각기 다른 모습으로 담겨 있습니다. 아파트에 살게 된 이유가 안전과 편리함이든, 교통이나 교육 편의, 또는 투자 대박을 위함이든 무엇이 중요하겠습니까. 기왕 살게 된 집이 이곳이라면, 여기에서만 볼 수 있는 특별한 풍경에 눈을 돌려보세요. 평범했던 일상의 출퇴근길이 조금 더 귀엽고 즐거워질 테니까요.

(이종범)   (스펙타클 매거진 편집장)   (인천과의 인연은)
(부모님이 이 도시의 아파트로 이사 오면서부터 시작되었다.)

203

골라골라 나 같은 집이래 놓고
정작 우리는?!

지금까지 지켜본 이들의 이야기를 따라가다 보면 당장이라도 이삿짐을 싸고
꿈의 집을 찾아 나서야 할 것 같다만, 우리의 현실은 그보다 더 무겁고
복잡한 조건들로 연결돼 있다. 어떤 이들에게는 이런 반발심이 생길 수도
있다. '이 사람들은 특별한 거고!' 그래서 이번에는 보통 사람들끼리 보다
솔직한 이야기를 나눠보기로 한다. 이 글을 읽는 여러분처럼 평범한 이유로
집을 골랐거나, 어쩌면 나 같은 집에 살지만은 못 하는 편집부 6인이 모였다.
실컷 '골라골라 나 같은 집'이래 놓고 정작 우리는 어떤 집을 골랐을까.

그래서 우리는 어디에 사는가

소리
스펙타클 편집부 디자이너이자 스무 살 이후로 다양한
주거 형태에서 자취해 온 독립 고수. 4년째 부평 원룸 오피스텔에서
고양이 치롱이와 살고 있다.

수연
스펙타클 편집부 에디터.
작전동에서 오랫동안 가족과 살다가, 얼마 전 종범과 결혼하여
부평역 인근 구축 아파트에 신혼집을 마련했다.

종범
스펙타클 매거진 편집장. 일신동 출신으로
인천에서 가장 살고 싶은 곳을 오래 고민하다
수연과 부평동에서 첫 독립을 맞이했다.

진영
스펙타클 편집부 에디터로 육아와 함께 잠시 휴식 중.
집도 직장도 평생 인천이었지만, 쌍둥이 육아를 위해
처가댁과 가까운 서울 화곡동의 구축 아파트로 이사했다.
몸은 서울에 있으나 여전히 인처너 호소인.

미현
스펙타클 편집부 에디터로 결혼 이후 잠시 휴식 중.
평생 살던 계양구를 떠나 잠시 부평을 거쳤다가 결혼하고
주안에 정착했다. 신축 대단지 아파트에서 산 지 어언 1년차.

채은
스펙타클워크 콘텐츠 매니저. 서울에서 태어나
부천, 인천을 거쳤다 남편 직장을 따라 다시 서울로 돌아왔다.
신축 빌라에서 남편 직장 동료들과 이웃이 되어 산다.

나는 왜 그 집에 사는가

종범 되게 다양하네요. 원룸부터 빌라, 아파트까지. 다들 지금 집에는 어떻게 살게 된 거예요?

소리 저는 고양이랑 같이 살잖아요. 실은 집 구할 때 고양이 화장실 놓을 공간이 충분하고, 고양이가 창문을 즐길 수 있는 곳을 생각해서 투룸 빌라 위주로 알아보고 있었어요. 그때 딱 지금 집이 나와서 보러만 왔다가 맘에 들어서 살게 됐죠. 원룸이지만 통창이라서 해가 잘 들더라고요. 완전 신축이라 한 번 보고 오니까 눈이 높아져서 다른 데가 눈에 안 들어왔어요.

진영 소리 님이 고양이 때문에 집을 골랐다면, 저는 저희집 쌍둥이 때문에 골랐어요. 아내가 쌍둥이를 낳고 인천에서 서울에 있는 처가댁 근처로 이사했거든요. 맞벌이다 보니까 장모님 도움 없으면 육아를 못 하겠더라고요. 복직 후에 아내가 출퇴근하기 편하게 지하철역이 가까운 집으로 왔어요. 그중에서도 구축아파트를 고른 건 서울 집값이 워낙 살벌해서...

채은 어떻게 보면 저랑 비슷하네요. 저는 사실 집을 자의로 고른 적 없거든요. 결혼 전에는 부모님 따라 살고, 결혼하니까 남편이 교회 목사여서 남편 교회 근처로 따라가야 하는 거예요. 몇 달 전에도 그래서 인천에서 신림동으로 이사 왔고요. 지금은 사택에서 관리비만 내면서 살고 있어요.

종범 그럼 빌라에 사는 분들 다 교회 목사님들이에요?

채은 네. 1층부터 4층까지 다. 다 아는 사람들이다 보니까 반찬거리 생기면 나눠 먹고, 주말엔 티타임을 가지기도 해요. 대부분 저희보다 나이가 많으신데, 출산하면 애기 봐준다고 얼른 낳으라고 그러세요. 우스갯소리로 아무 집 문 앞에다 아이 두고 초인종 누르라고. 애는 맡겨두고 남편이랑 실컷 놀고 오라고 하시더라고요.

미현   너무 훈훈하다. 저도 여기가 첫 신혼집이면서 인생 첫 신축 집이기도 해요. 원래 부천에 있는 구축 아파트 위주로 알아보고 있었거든요. 근데 시동생이 여기 청약이 된 거예요. 분양권 거래가 활발하더라면서 여기 사는 거 어떠냐고 저희 부부한테 추천해 줬어요. 신축인데 부천 전세랑 차이가 얼마 안 나더라고요. 그렇게 집도 안 보고 일주일 만에 거래까지 해버렸어요. 서울 출퇴근만 조금 고생해 보자 하고.

종범   그렇게 맘에 든 포인트가 있었어요?

미현   날것으로 얘기하면 네임드 브랜드여서. 집 고를 때 공사 중이어서 집을 실물로 못 봤는데도 믿고 계약했어요. 유튜브로 찾아보면 요즘엔 내부가 다 나오더라고요?

수연   맞아요. 요즘엔 VR로 360도 돌려가면서 볼 수 있잖아요. 저희는 둘 다 결혼하면서 첫 독립을 한 건데 처음부터 인천 안에서만 생각했어요. 거기서도 이 아파트 단지 안에서만 6~7곳인가 임장을 다녔고요.

종범   어딜 가든 인천에서 집 골라야 한다는 건 저한테 숙명적인 대전제였어요. 명색이 인천 스펙타클 대표인데 부천 신축 아파트 들어간다? 이상하잖아요. 수연 님과 제 직장의 거리를 고려해서 의견을 좁혀 나온 동네가 부평이었어요.

수연   왜냐면 남편과 저 둘 다 인천 사람이지만 저는 최근에 서울에서 커리어를 쌓고 있고, 종범 님은 동인천에 사무실이 있거든요. 동인천과 서울에 가기 좋은 위치를 고민하다가 부평을 골랐어요.

종범   실은 거기에 부동산 가치를 고려 안 했냐 하면, 했어요. 지금 집이 소위 '브역대신평초'에서 초역세권, 초대단지, 평지, 초품아 4가지나 포함되더라고요. 신축은 포기했지만 솔직히 재건축에 대한 기대도 전혀 없진 않았어요. GTX 노선 등 동네에 예정된 개발 계획도 솔깃하게 다가왔고요. 남들에겐 '나 같은 집'을 고르라면서 속물 마인드를 품은 뻔뻔함이 또 하나의 '나 같음'은 아니었을까 돌아보게 되네요.

꿈과 현실, 그 경계에서

종범 지금까지는 집을 고른 현실적인 이야기들을 나눴잖아요. 그럼 우리는 『골라골라 나 같은 집』에서 만난 사람들처럼 살고 있는지, 혹은 정말 그렇게 살 수 있을지 얘기해 보면 좋겠어요. 우선 강화도 시골집에 사는 고윤슬 님처럼 자기만의 드림하우스가 있는지부터.

수연 시골집은 아닌데 주택 로망은 있어요. 전에 오래 일한 직장이 70년대 건물을 개조해 사무실로 썼거든요. 노후 건물이 가진 리스크랑 수선하기 위해 얼마나 품을 들여야 하는지 아는데도, 그 경험을 통해 내성이 생겼나 봐요. '주택이 주는 고즈넉함과 감성이라면, 귀찮더라도 감수하고 살 수 있어!' 자신이 있어요. 같이 사는 종범 님은 주택이 싫다고 하지만요.

종범 수연 님 말대로 저는 도시와 아파트가 주는 편리함을 좋아해요. 그리고 강화도 정도면 접근 가능한 시골이긴 하지만 직장 때문에 어렵지 않을까요. 지금 사는 집 전주인 분도 이 집을 팔고 강화도 주택으로 이사 가셨거든요. 부모님 뻘의 회사 대표님이신데 홍대에 사무실이 있대요. 출퇴근이 안 어려운지 물었더니 "일은 직원들이 다 하고 저는 일주일에 이틀만 가서 괜찮아요." 하시더라고요. 역시. 시골 생활도 일에서 자유도가 높아야 가능한 것 아닐까.

진영 저도 윤슬 님이랑 반대되는 얘긴데, 직장 왔다 갔다 하기만 좋으면 드림이고 뭐고 오케이예요. 워낙 일을 하면 몰두하는 성격이다 보니 집에 크게 신경 안 쓰고 지내는 편이에요. 윤슬 님 이야기 보면서 '멋있지만 내가 저 정도의 열정과 체력이 있을까? 난 못할 것 같다.' 싶어요.

여행지에 살아볼 결심

종범 그럼 김서영 님처럼 가봤던 여행지 중에 한 군데에 살게 된다면
어디 살고 싶으세요?

채은 경주요. 도시 자체는 차분하고 여기저기에 유적이 있는데,
관광객이 북적이는 걸 보면 산 것과 죽은 것이 공존하는 도시
같다고 생각했어요. 그 분위기가 좋아서 감성만으로 살아보고
싶달까. 대도시 생활만 해봤다 보니 소도시나 시골에 살고
싶다는 로망이 있기도 하고요.

미현 저는 발리요. '인생은 짧고 세계는 넓다! 그러니 가본 곳은 안
간다.' 주의인데 발리는 살면서 꼭 한 번 더 가야지 결심했어요.
제가 느낀 발리는 힙하고, 자유가 있고, 일과 쉼이 공존하는 곳
같았어요. 리모트 워크 하는 사람도 많고요.

진영 저는 어디 가든지 항상 '여기 살면 어떨까?' 상상하는 것 같아요.
살고 싶은 곳은 많지만 굳이 꼽아보자면 속초? 동아서점같이
오래된 서점이 있다는 점이랑 바닷가가 좋아서 실제로 아파트
가격도 알아봤었어요. 실행할 용기는 없지만 상상만으로
즐겁잖아요.

같이 살기 위해 포기한 것들

종범 서영 님처럼 살 수만 있다면 좋겠지만 다들 같이 사는 존재도
생각해야 하잖아요. 신승철, 김예진 님 부부가 아이를 위해 사는
동네도 옮기고, 주택 안에 스튜디오를 열었듯이 같이 사는 존재
때문에 집 고를 때 포기한 게 있는지도 궁금해요. 진영 님은
공감하실 것 같은데.

진영 네. 저도 애들 때문에 어쩔 수 없이 이사 오면서 많은 걸
포기했죠. 가장 큰 건 '인처너'라고 자부하던 사람인데 배신자의
오명을 썼다는 거. 게다가 인천 집보다 한참 비용을 얹혀서

들어온 건데 7평이나 줄었어요. 스페이스 확보가 안 되니까 거기서 찾아오는 박탈감과 분노가 반년은 갔어요.

채은 저도 진영 님처럼 서울로 이사 오면서 직주근접을 포기했어요. 서울에서 인천으로 1시간 반 통근하는 게 왜 이리 억울한지. 남편이 교회를 옮길 때마다 집을 옮겨야 하는 숙명이라, 회사 위치에 얽매지 않는 일을 해야 하나 미래 고민도 생기더라고요.

수연 그러면 짧은 사이클로 집을 옮겨 다녀야 할 텐데. 자연스럽게 미니멀한 환경을 지향하게 될 것 같아요.

채은 완전 맞아요! 가구나 소품 구매할 때, 이사하다 상해도 괜찮은 가성비 제품으로 사게 되더라고요. 정말 필요한 물건 아니면 금방 버리거나 팔아버리고요. 당근 거래내역 보면 멀티탭부터 책장, 행거까지 엄청 다양하게 사고팔았더라고요.

종범 소리 님은 혼자 살지만 고양이를 키우잖아요. 그러면서 달라진 점은 없어요?

소리 있죠. 전에는 자취하다 보니까 집에 몇 시에 들어가든 상관없었는데 이제 칼같이 들어와요. 치롱이를 봐줄 사람이 없으면 여행 다니거나 외박하기도 어렵고요. 저는 애초에 집 볼 때 부동산 가서 "고양이랑 같이 살 수 있는 곳으로 보여주세요." 말해요. 캣타워를 놓아주고 싶어서 공간이 좀 있는 집을 봤는데, 이 집은 원룸이라서 좁긴 해요. 사실, 지금 앉아 있는 책상 아래에도 고양이 화장실이 있어서 발을 못 넣고 있어요.

덕주일치 가능할까?

종범 축구를 좋아해서 축구장 근처에 사는 문서희 님이나, 수영장 있는 동네에 살고 싶다는 윤태영, 김성진 님처럼 집 근처에 꼭 있었으면 하는 게 있나요?

수연 공원이요. 전부터 공원 예찬해 온 사람이에요. 매일 찾지는
않아도 옆에 있으면 힘들거나 답답할 때 해소할 비상탈출구
같달까. 그리고 새를 좋아해서, 공원에 가면 여러 종류의 새를 볼
수 있다는 점도 좋아요.

종범 공원도 좋지만, 이 동네 와서 스스로 감동받고 뽕에 차는
포인트는 주변에 있는 맛집이에요. 원래 살던 곳에는 맛집이
별로 없었는데, 부평의 중심에 사니까 선택지가 많아졌어요.
막상 집에서 먹는 날이 많아 자주 외식을 하진 않지만, 언제든
맘먹으면 갈 수 있는 곳이 많다는 데에서 오는 든든함이 있어요.

채은 저는 살림꾼이라 살림에 필요한 공간이 있으면 좋겠더라고요.
겨울옷 드라이 맡길 세탁소라든지, 식자재가 꽤 규모 있게
들어오는 마트 같은 것. 지금 집도 한 골목에 정육점, 마트,
세탁소가 다 있어서 너무 편해요.

소리 공간은 아니지만, 지금 사는 오피스텔에 커뮤니티가 잘 돼
있어서 좋아요. 자취하는 사람이 많다 보니까 버릴 물건은
나누기도 하고, 공구도 많이 해요. 심지어 치킨 한 마리 시켜서
깔끔하게 반 나눠 가지자는 사람도 있고. 저도 저번에 단톡에서
저녁 먹을 사람 구하길래 다른 집 놀러 가서 밥 먹은 적도
있어요.

미현 요즘 이웃들은 단톡으로 소통하더라고요. 저희도 4천 세대가
있는데 커뮤니티가 다 카톡으로 이뤄져요. 맘톡방, 신혼부부방,
공구방 다 있어요. 방마다 최대 정원이 세대 수보다 적어서 다들
들어가려고 줄 서서 기다려요.

수연 재밌다. 미현 님도 어디 들어가 계세요?

미현 저는 과일 공구방이요.

내 집에 이름 짓기

종범 여기 나오는 황혜원 님은 '만월집'이라고 자기 집에 이름을
짓잖아요. 방에는 '알로록달로록방'이라는 이름을 붙이고요.
이렇게 자기 집에 이름을 지어준다면 뭐라고 하실 거예요?

미현 '주안집', '주안댁'. 이 정도로 부르고 싶어요. '주안에 산다!'를
띄어 쓰면 '주 안에 산다.'잖아요. 교회를 다니기도 해서 이렇게
중의적으로 해석하기도 해요. 집 생각하면 안정적인 마음이
들어요. 결혼하고 스스로도 안정되었다고 생각하고요.

소리 저는 '소리집'이라고 할래요. 항상 자취했던 집을 잠깐 머물다
떠날 공간으로 여겼거든요. 근데 지금은 정말 내 집이라고
느껴져서 떠날 생각이 안 들어요.

진영 저희 집은 '쌍둥이네'. 뻔한 이름이긴 한데요. 아이 낳기
전까지는 전혀 계획 없던 이사였거든요. 인천에서 날라리
직장인으로, 마음대로 살았던 한 사람이 아이를 키우게 되면서
같이 살아가는 법을 배우고 변화된 곳. 그래서 아이들 이름을
붙일 수밖에 없어요.

채은 '복길이'라고 남편과 합의해 지었어요. 지금 집 도로명 주소가
'복은길'이거든요. 이사가 잦다 보니 그전 집의 주소를 금방
까먹게 되는데, 이 이름으로 기억하면 또 집을 옮겨도 내가 살던
곳의 주소를 기억할 수 있을 것 같아요.

수연 저희도 고민해 봤는데요. 원래 제 의견은 첫 신혼집이라 작은 거
하나에도 공을 많이 들였다는 의미에서 '미셸
공드리집'이었지만, 종범 님 의견에 따라 '하이라이스'로 합의
봤어요.

종범 누구나 자기 집에 공은 들이잖아요. 그보단 우리 집만의
이야기가 담긴 별칭은 없을까 고민했어요. 저희 집 조명이 노란
편이거든요. 퇴근길에 멀리서 봐도 여기 동에서 저희 집 하나만

노랗더라고요. 집이랑 어울리면서 노란 음식이 뭘까 했는데 하이라이스가 떠올랐어요.

20년 후 고를 나 같은 집

종범 마지막으로, 20년 후 '나의 집'은 어떤 모습일까요?

소리 고양이가 그때까지 있을지 갑자기 슬퍼지는데. 우리 치롱이는 대학도 가고 대학원도 가는 고양이일 거니까요. 나중에는 아파트나 투룸 오피스텔에 살지 않을까 싶어요. 치롱이 외에도 같이 살 가족을 꾸리고 싶고요. 집 근처에 취미로 작은 카페를 운영하면서, 거기서 쉬기도 하며 시간 보내는 게 꿈이에요.

미현 지금은 신축에 살다 보니 리모델링도 안 하고 그대로 살고 있거든요. 배부른 소리일 수 있지만, 구축은 자유도가 높잖아요. 라이프스타일에 맞게 공간을 바꿀 수 있으니까. 그런 집이 멋져 보이더라고요. 20년 뒤라면 그때 생긴 저만의 기준과 감각으로 리모델링한 구축 집에 살아보고 싶어요.

진영 저는 그때면 거의 60이거든요. 남자 나이 육십이면 집에서 자기 공간이 작아져요. '내 공간이 집안에 한 톨이라도 남아있을 것이냐.' 이게 굉장히 중요한 문젠데. 아이들 중심으로 최선을 다해 살겠죠. 아이들이랑 취미를 즐길 수 있으면서 한편에는 베이스 기타를 둘 수 있는 집이었으면 해요.

채은 저는 어릴 때부터 이사를 많이 다니다 보니 정착에 대한 욕구가 있어요. 그때는 지금보다는 조금 작은 도시에 정착해 살고 싶다는 꿈을 꾸긴 해요. 다만 주변에 이웃들이 있었으면 좋겠어요. 지금 집에 살면서 이웃의 존재를 인식하고 나니까 없을 때 어떻게 살았지 싶더라고요. 20년 후의 도시는 지금보다 더 개인주의적이고 세련된 곳이지 않을까. 그런 곳에 살게 되어도 너무 차갑지 않도록, 정을 나눌 이웃이 있었으면 좋겠어요.

종범   저는 여기에 계속 살고 싶어요. 마흔 살 조금 안 된 구축 집이고 작은 평수라는 단점 외엔 만족스러운 동네거든요. 20년 후라면 재건축도 될 테고 이 안에서도 더 큰 평수로 옮길 수 있지 않을까요. 앞으로도 저는 인천에서 지역 기반의 일을 할 테니, 완전히 새로운 동네를 찾아야겠다는 생각은 크지 않아요. 여기에서 즐거움을 쌓아가며 계속해서 살아가고 싶어요.

수연   다들 한 얘기에 공감이 되네요. 저도 질문 듣고 투자가치나 인프라 같은 집의 미래를 생각해 보다가, 결국 이 질문이 이집에 사는 '나'의 미래를 묻는 게 아닐까 싶었어요. 지금까지 집과 나의 유기적인 관계만 생각했다면, 집에서 같이 사는 존재와의 유기적 관계를 생각하게 되더라고요. 앞으로 같이 사는 가족들이 성장할 수 있는 집에 살고 싶어요.

부록

골골나집 체크리스트:
'나 같은 집'은 어떤 모습인가요?

주거지에 대한 고민이 많거나, 독립을 앞두고 있거나, 나만의 집을
찾아 나선 이들에게 물어보는 집에 관한 약간은 집요한 질문들.
각각의 이유로 집을 고르기 위해 이 책을 집어 들었지만, 아직
'나 같은 집'이 어떤 집인지 잘 모를 수도 있어요. 그래서 준비했어요!
글을 읽으며 차근차근 묻고 답해보세요. 감춰있던 나만의 집 취향이
선명하게 보일 거예요.

취미와 취향이 확고한 나에게

취미와 취향을 맘껏 누릴 수 있는 곳에 살고 싶은가요? 아래 질문을 통해 나의 덕력이
집과 동네를 선택하는 데 고려할 요소가 되는지 생각해 보세요.

- 정기적으로 어딘가를 방문해야 하는 취미를 가지고 있나요? 집에서 거리는 어느
  정도인가요? (콘서트홀, 클라이밍장, 팝업스토어가 많은 동네 등)
- 취미생활을 즐기기 위해 꼭 필요한 집과 동네의 조건이 있나요?
- 최애 공간 도보 5분 & 직장 왕복 4시간 vs 최애 공간 왕복 8시간 & 직장 도보 10분
- 사비를 들여서라도 아파트 단지에 광고하고 싶은 덕질 대상이 있나요? (스포츠,
  아이돌, 행사, 반려동물 등)
- 집에 덕질과 관련된 물건이 얼마나 있나요? 그것들을 위한 수납공간은 충분한가요?
- 나와 상반된 취미를 가진 가족이나 파트너가 있나요? 있다면 타협을 위해 했던
  노력은 무엇인가요?
- 지금 사는 집은 입주민이나 이웃들에게 호불호가 강한 편인가요? 나에게는
  장점이지만 누군가에겐 단점인 요소가 있다면?

바쁜 도시를 훌쩍 떠나고 싶은 나에게

여유롭고 느긋한 삶을 꿈꾼다면 도시가 아닌 곳에서의 삶을 떠올려 보세요.
과연 나의 라이프스타일과 어느 정도 일치할까요?

- 어린 시절부터 꼭 살아보고 싶었던 주거 형태가 있나요? (정원이 있는 단독주택,
  동네가 한눈에 보이는 고층 아파트 등)
- 인프라 가득! 편리한 도시 vs 초록 기운 가득! 한적한 시골
- 여러 이웃과 함께 북적이며 살기 vs 고요한 동네에서 혼자 살기
- 한적한 시골 라이프도 좋지만, 포기할 수 없는 한 가지가 있다면 무엇인가요?
- 지친 마음을 휴식하기 위해서 집 안에 필요한 나만의 공간이 있나요?
- 익숙한 생활반경이 지겨워질 때 새로운 영감이나 활력을 불어넣는 방법이 있나요?
- 집에서 하는 취미생활이나 창작활동이 있나요? 그것을 위해 특별히 고려하는 요소는
  무엇인가요? (넓은 작업대를 둘 수 있는 거실, 습지식물이 잘 자라는 그늘 등)

소중한 존재와 함께 살고 있는 나에게

다른 존재와 같이 살면서 변화하거나 영향을 받은 점이 있나요?
함께 살기 위해 지키고 있는 규칙과 기준을 떠올려보세요.

- 나의 라이프 스타일에 변화를 준 존재가 있나요? (반려견, 반려 식물, 반려자, 자녀 등)
- 5년 후에도 지금과 같은 가족 구성원을 유지하고 있을까요? 다른 존재와 함께하게
  된다면 어떤 대상일까요? (결혼, 자녀, 반려동물 입양 등)
- 같이 사는 존재의 일과 시간, 생활 패턴은 나와 많이 다른가요?
- 누군가와 함께 살 때 꼭 지켜줬으면 하는 생활 규칙이 있나요?
- 현재의 가족과 함께 살기에 적당한 방의 개수는 몇 개인가요?
- 공용 지출은 어떻게 관리하나요? (공과금, 임대료, 공동 물품 구매비용 등)
- 함께 살며 갈등이 가장 많이 생기는 부분은 무엇인가요? 또 어떻게 갈등을
  해결하나요?
- 독립하더라도 부모님, 형제자매와 가까이서 자주 교류하기 vs 원래의 연고지와
  떨어진 곳에서 독립적인 생활 꾸리기

독립과 이사를 앞둔 나에게

머지않은 미래에 이사나 생애 첫 독립을 준비하고 있나요?
새로운 집을 만나기 전, 두근거리는 마음으로 체크해보세요.

- 독립의 경험이 있나요? 독립을 통해 얻은 것과 잃은 것이 있다면?
- 지금까지 살아온 집 중 어떤 집이 가장 힘들었고 어떤 집이 가장 기억에 남나요?
- 이사할 곳을 한 지역 안에서 찾는 편인가요, 여러 지역을 다니며 찾는 편인가요?
- 매매, 전세, 월세 중 현재 나의 상황에 더 잘 맞는 건 어느 쪽인가요?
- 새집을 구할 때 놓칠 수 없는 한 가지의 기준이 있나요? (마당, 옥상, 큰 창문 등)
- 독립한다면 지금의 집에서 가져가고 싶은 아이템이나 생활 습관이 있나요?
- 다음에 이사한다면 어떤 점이 보완되면 좋을 것 같나요?
- 세련된 신축 아파트 vs 정겨운 구축 아파트

애정을 담아 집을 가꾸고 싶은 나에게

나는 집에 어느 정도 마음 쓰는 사람인가요?
집에 대한 나의 태도는 어떤지 돌아볼 수 있는 질문들을 준비했어요.

- 내 집에 이름을 붙여본다면?
- 내가 유독 아끼는 애착 물건이 있나요?
- 집을 꾸미기 위해 최근에 구매한 물건이나 소품이 있나요?
- '비움의 미학' 미니멀리스트 vs '채움의 행복' 맥시멀리스트
- 어떤 색감과 콘셉트의 인테리어를 선호하나요? (화이트톤, 우드톤, 미드 센추리 모던 스타일 등)
- 다음에 이사한다면 지금 집의 인테리어 톤을 유지하고 싶나요?
- 휴일 루틴은 주로 집 밖에서 이뤄지나요, 집 안에서 이뤄지나요?
- 집에 손님을 자주 초대하나요? 그렇다면 손님들을 위해 마련한 아이템이 있나요?
- 집에서 가장 손이 많이 가는 곳은 어디인가요? 직접 유지 보수하는 것에 자신 있나요?

마음에 드는 동네를 찾고 싶은 나에게

살고 싶은 동네가 너무 많다면, 인상 깊었던 여행지 중 한 곳을 선택해 그곳에서의 삶을 떠올려보세요. 내 마음에 드는 동네는 어떤 조건을 갖추고 있을까요?

- 지금까지 가본 여행지 중 한곳에 정착해 살아야 한다면 어디에 살고 싶나요?
- 살고 싶은 동네를 정하는 데 영향을 주는 중요 기준은 무엇인가요?
- 높은 건물이 빽빽한 세련된 신도시 vs 낮은 건물이 많은 구도심
- 집과 가까운 곳에 있었으면 하는 자연환경이 있나요?
- 지금의 집에서는 어떤 뷰가 보이나요? 이사를 간다면 어떤 뷰를 갖고 싶나요?
- 직장과 집의 거리는 나에게 얼마나 중요한가요?
- '허허벌판이어도 이거 하나는 집 앞에 꼭 있으면 좋겠다' 싶은 시설이나 인프라가 있나요?
- 참여할 기회를 노리고 있는 커뮤니티가 집 근처에 있나요? 혹은 어떤 커뮤니티가 있으면 좋을 것 같나요?

스펙타클 SERIES 04

올라올라 나 같은 집

발행인 겸 편집장
이종범 @incheon_spectacle

디자이너
박유림 @yurimi_park
이소리 @ieesori

에디터 & 포토그래퍼
강수연 @bom_goat
곽은비 @hagik_archive
이종욱 @l2_j.w

편집
이채은 @chaenesther

객원 에디터 & 포토그래퍼
김민성 @kim_giraffe0617
김정년 @avalanche____

발행
스펙타클워크
웹사이트 incheonspectacle.kr
인스타그램 @incheon_spectacle

초판 2024년 6월 10일 발행

ISBN 979-11-968354-9-1

잡지 등록 2021년 9월 30일, 인천동 사00001
ⓒ2024. 스펙타클워크 All rights reserved.
출판사의 동의 없이 책의 내용을 사용할 수 없습니다

각종 문의
입고 요청, 대량 구매, 광고·협업 등
이메일 incheonspectacle@gmail.com